浙江俞氏宗祠

俞坚中　主编

浙江古籍出版社

浙江俞氏宗祠编辑委员会

俞氏宗祠

俞正聲

水源木本，祖德流芳。
敬宗睦族，和乐无央。
知书达理，处世有方。
光前裕后，家世顺昌。

刘满江
2019.09.12

跗公悬壶济世，裔脉绵延流長。
浙水滋润俞族，支脉发达宏昌。
俞家建祠敬祖，耕读承恩益彰。
忠孝节义廉信，祠规族范井然。
家国情怀永驻，族随祖国同芳。

己亥年桂月吉日
永康俞国丰题

社會由不同姓氏群衆組成各姓宗親之間的團結互助與相互激勵是實現社會安定和向前發展的堅實基礎

辛丑三月 南昌大學俞兆鵬撰并書

宗祠传统是中华民族身份认同的重要基础。俞氏宗亲国之栋梁，源远流长。

北京大学 俞孔坚
金华东俞第十九世
敬题于2020年5月8日

学德向善 尽力为

明德惟馨 修养性

四世代廖孙

俞江生

二〇一九年十二月五日

樹木求本
崇德向善

俞叔平
乙亥年冬月

浙江俞氏宗祠现存 129 座分布手绘示意图

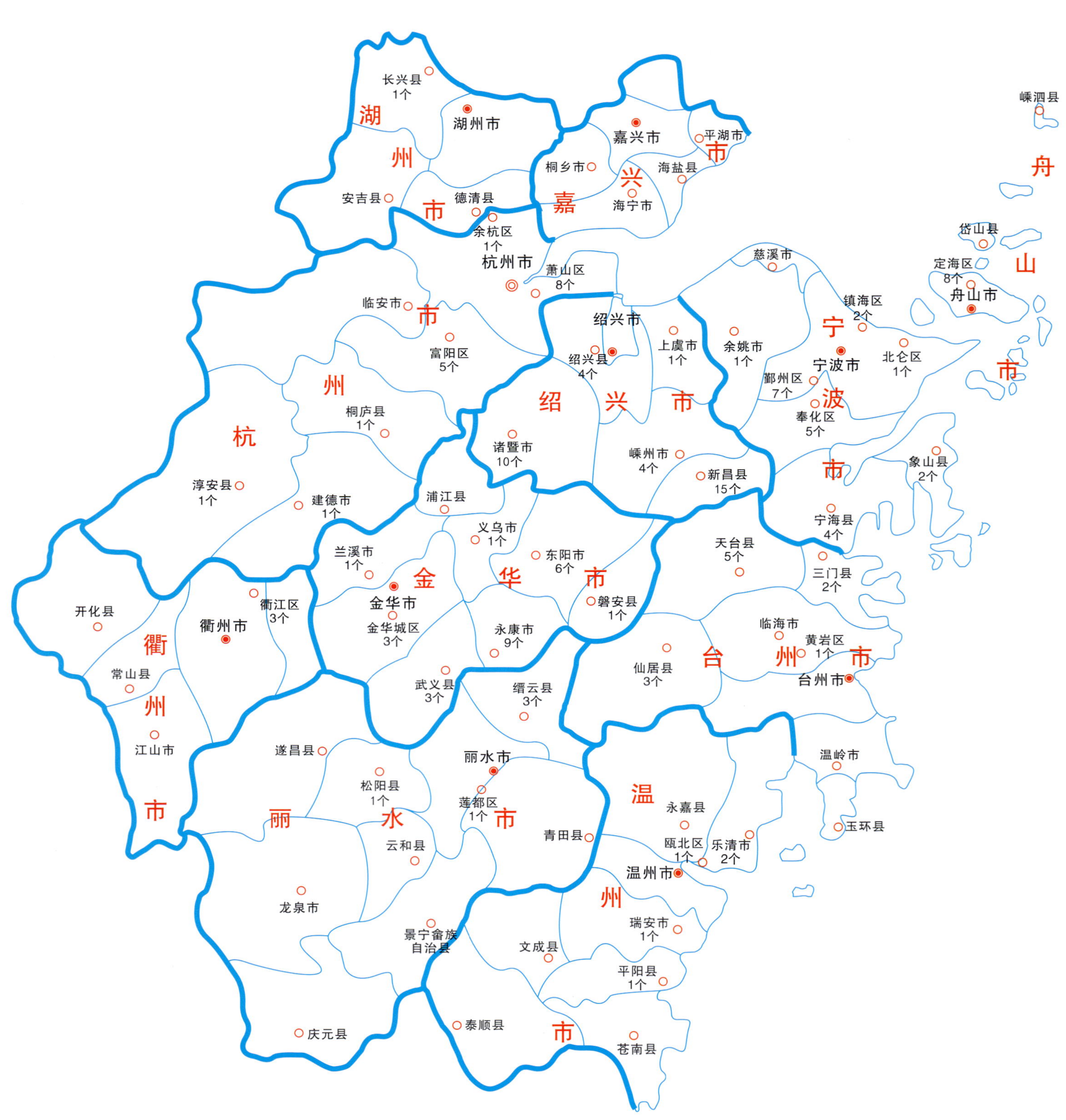

序一

《浙江俞氏宗祠》图集是以省域范围和姓氏为主题的家族史料性的汇编读本，其出版可谓是浙江俞氏的一件大事。

宗祠又称祠堂、家庙、宗庙、祖祠等；宗祠在层级规制上又有多种俗称，如总祠堂、中祠堂、香火堂等，从建筑规制上又有几进几间之分。祠堂文化在中华民族发展历史中有着极其重要的地位，是家族历史文化的缩影；承载着家族的繁衍与辉煌；是族人祭祀列祖列宗的圣殿，也是血缘文化传承之场所；更是人心的根，社会的本；尤是后辈追根溯源的慎终追远之地。了解和研考祠堂文化和家族历史，对于传承和发扬中华传统优秀文化有着重大的现实意义。

浙江是俞姓聚居较为集中地域，人口约50万，占全国俞姓的38%左右（2013年人口普查数据）；也是中华俞氏繁衍生息的发祥地之一，历史悠久，流存史料相对详实。本着使其绵延存续之愿望，图集以图文并茂展现了历史较为完好和近年来新建的俞氏祠堂129座，并载录了历史曾有但现已不存在的206座俞氏宗祠名录的宝贵遗产。《浙江俞氏宗祠》图集中，不乏有各族脉历史文献，也有很多传统建筑的物质遗产，这些都是值得我们向世人展示，以得到俞氏后辈更好地保护和传承利用。

图集虽不能纵贯千秋和记录全部史料，但能起到浙江俞氏铭记祖宗恩德，继承发扬俞氏家族对社会进步历史贡献的编辑初心；确立“祠堂是魂，家谱是根”理念，在俞氏后人以“四海为家”的新时代里，不忘我们的“根”和“魂”所在，以表达浙江俞氏对先祖的尊崇之心，从而使浙江俞氏繁衍发展史料得以久远存续。同时，也能为各地俞氏宗亲寻根朔源提供线索，起到桥梁作用。

当下，我们已开启了中华民族伟大复兴之路的新征程，祠堂的作用也和时代与时俱进，摆脱了传统的“宗族主义”的影响，融入了现代文化的缅怀先祖、激励后人、传播文化、团结和谐的新观念，建设美丽乡村的新内涵，对祠堂文化扬弃传承中发挥新的作用。我们相信，祠堂文化在新时代将会发挥其更为积极意义而生生不息。

由于水平所限，书中肯定有不足之处，请各方家不吝指正。

萧山桃源俞氏江西俞永思堂二十五世裔孙　俞坚中

2020年3月

序二

欣闻浙江俞氏宗祠编委会经过两年多的搜集、整理、编撰的《浙江俞氏宗祠》即将出版，手捧样书，喜极而泣，有生之年能见到此书的出版，真是三生有幸，实乃俞氏家族之福。

祠堂是中华大地上散落的明珠，见证着宗族文明的花开花落，延续着一种信念，一种有关乎报本返始、饮水思源的宗族思想。祠堂的流源可以追溯到先秦时期的宗庙。“祠堂”一词最早出现在汉代，《汉书·张安世传》中有“赐茔杜东，将作穿复土，起冢祠堂”的记载。祠堂到了南宋才被正名，朱熹《家礼》立祠堂之制，从此称家庙为祠堂。当时修建祠堂有等级之限，民间不得立祠。到明代嘉靖十五年（1536）“许民间皆联宗立庙”，从此祠堂的发展达到顶峰并立足于民间。

祠堂是家族的象征，祭祀同源祖先的族人因共同的血缘而紧抱成团，久而久之，家族变得壮大。此后，许多家族不仅设立同源同宗同族同祀的总祠，而且族内的分支也设立各自的分祠，以祀奉各自的直系祖先。祠堂及宗族制度至民国时期逐渐衰落，现在大多已转化为别样形式，继续发挥新的功能和作用。

对于宗祠、家族、家谱文化，我以前只在一些前辈的言谈中有所耳闻，但知之甚少。一次偶然的际遇，得到一套老旧的《俞源俞氏宗谱》后，才渐渐有所了解。那是1975年春的一个早晨，我背着锄头去地里干农活，经过村南桥头，发现在一堆准备焚烧的垃圾中有很多古旧的书籍。平常爱好看书写字的我在好奇心的驱使下，仔细清理，二十多卷本的《俞源俞氏宗谱》被扒拉了出来。时值“文革”，破“四旧”活动泛滥，我冒着被扣上“复旧”帽子的风险，将家谱请回了家。2000年，时任武义县文化旅游局副局长邹伟平还特意为我写了一篇《从垃圾堆里捡回村史的人》，发表在同年的6月4日《金华日报》上。

改革开放后，1998年，俞源村凭借着祖先遗存下来的建筑体系完整的古村落开发旅游，为挖掘俞源村俞氏家族历史文化，这部留存唯一的一部完整的《俞源俞氏宗谱》发挥了很大的作用。俞源村先后被评为“全国重点文物保护单位”“中国历史文化名村”“中国民俗文化村”“国家AAA级景区”等。这些申报材料中都有《俞源俞氏宗谱》的助力。

木有本，水有源。为弘扬家族文化，承前启后，推陈出新，俞源俞氏在2005年圆满完成了新中国成立以来的首次续谱。寻根问祖，追本溯源，然世远时迁，谱局散佚。俞源俞氏始迁祖德公以上虽有一些片段信息，而承传之详不可得，是故后人不敢妄续。

《浙江俞氏宗祠》的出版，是我们浙江俞氏家族的一件大喜事。祠堂作为后人祀奉祖宗的场所，在风雨中屹立了千百年。随着社会与文明的进步，祠堂因长期失修逐渐衰微。在整个二十世纪，大量祠堂被拆除与毁坏，能够存留至今的祠堂建筑已不多。《浙江俞氏宗祠》较完整地搜集现存、新建及历史曾经存在的浙江俞氏宗祠的图照、文字资料，较全面地呈现浙江俞氏家族脉络、家族文化、宗祠文化，是俞氏文化传承的一部详实的宝贵史料，是俞氏宗亲寻根问祖的导航图。吾等俞氏子孙当珍之宝之。在此向此书编委会表示致敬和谢忱！

是为序。

岁在己亥桂月俞源

俞氏二十五世孙 俞松发

序三

《浙江俞氏宗祠》图集的出版，是浙江俞氏宗族的一件大喜事。如果说此前分散在浙江各地的俞氏宗祠只是各地俞氏分支的“族魂”，那么图集的编辑出版，是将浙江全体俞氏宗族的“族魂”聚集到了一起。我们要对参与搜集和编辑《浙江俞氏宗祠》图集的宗亲表示感谢！

图集所汇集的俞氏宗祠图，形象地记录了浙江俞氏宗族在浙江这块土地上繁衍生息的发展历程。图集收录的俞氏宗祠数量众多，分布甚广，这表明浙江俞氏宗族枝繁叶茂，族运旺盛。浙江的俞姓人口有50多万，俞姓人口众多，也反映在宗祠的数量上和分布地域上。图集收录了现存的129座俞氏宗祠，并且载录了206座现已毁坏不存的俞氏宗祠。这些俞氏宗祠分布于浙江各地，既有浙江俞氏宗族原居处的宗祠，又有徙居他处的俞氏分支的宗祠。图集所汇集的这些俞氏宗祠的时间跨度长，有古代的，也有现代新建的，这也表明浙江俞氏宗族有着崇敬祖先、祭祀不辍的优良传统。也正因为此，历朝历代，浙江俞氏宗族名人辈出。

盛世修谱，盛世建祠。宗祠是一个家族的“魂”和“根”，宗祠不仅是当地宗亲祭祀祖先的场所，而且也是远离家乡的俞氏宗亲承载“乡愁”的载体，他们身处异国他乡，每每想起家乡的宗祠，也就会想到家乡的家人和族亲，激励他们奋勇进取，为家族争光。正因为此，我们要把俞氏宗祠保护好，把俞氏宗族的“魂”和“根”留住。而图集的编辑出版，为保护和传承好俞氏宗祠奠定了基础。图集对浙江现有的俞氏宗祠作了梳理和普查，为以后修缮和重建俞氏宗祠提供了翔实的资料。

为了更好地保护和传承俞氏宗祠，建议对俞氏宗祠修缮或重建时，不宜过多地加入现代性的因素，因为宗祠建筑也是我国一种传统的建筑文化，虽然可以在传统的宗祠文化中增加如“文化礼堂”那样的教育娱乐功能，但不宜加入“文化礼堂”那样的建筑样式，这样才能完美地保护和传承好祖先留下来的宝贵遗产。这是我在看完图集后的一点感想和建议，供宗亲们参考。

浙江余杭俞氏后裔　俞为民

（南京大学教授、博导　温州大学特聘教授）

2019年10月

目　录
contents

五峰俞氏宗祠

九郎溪俞氏宗祠

次峰俞氏宗祠

金山俞氏宗祠

金华俞氏八派宗祠

桃源俞氏宗祠

四明俞氏宗祠

俞氏支系宗祠

原有宗祠载录 / 294

五峰俞氏宗祠

五峰俞氏宗祠脉承世代简图

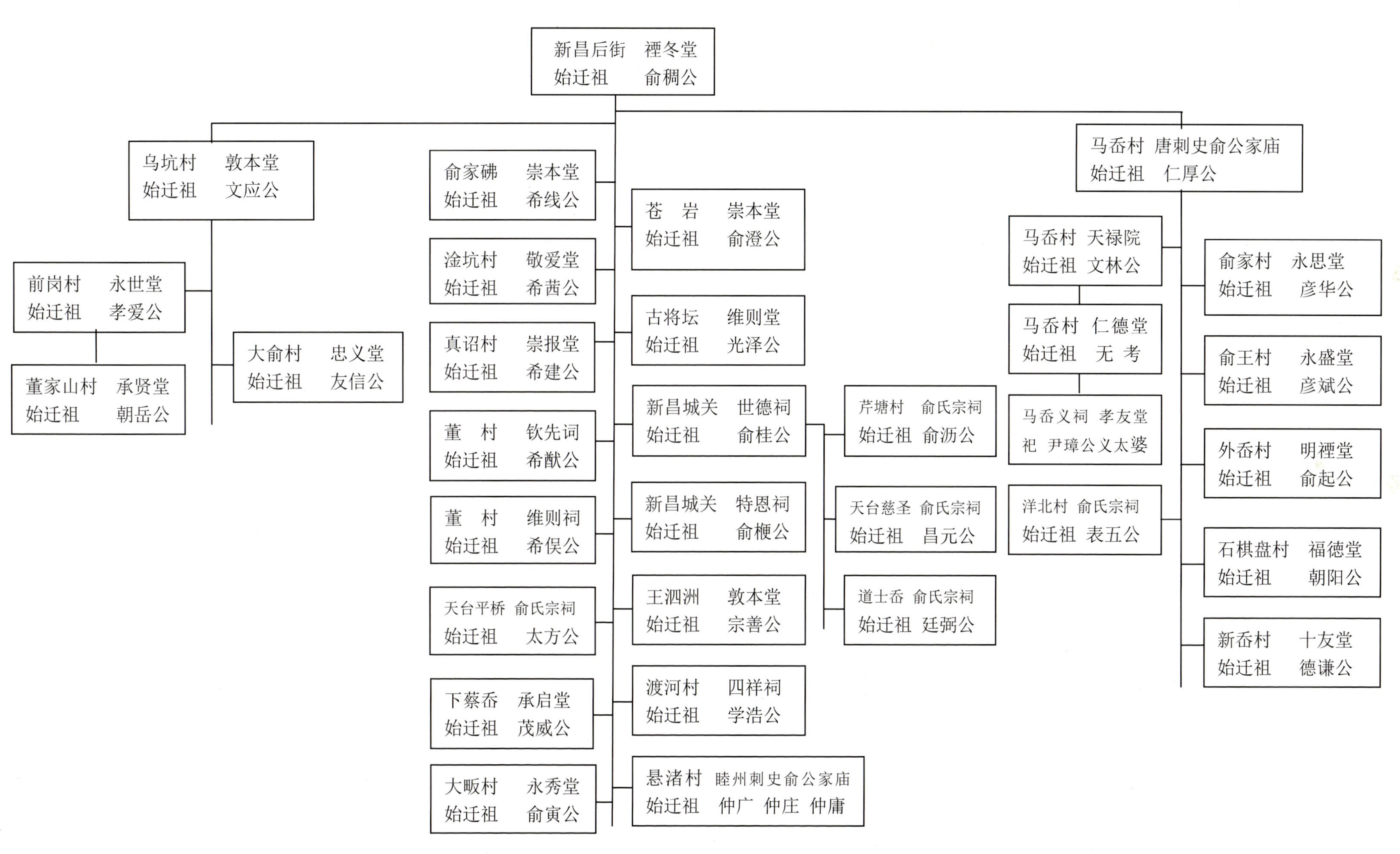

新昌城关后街

唐睦州刺史俞公家庙　禋冬堂

唐睦州刺史俞公家庙即新昌俞大宗祠，堂号禋冬堂，主祀五峰俞氏始祖唐睦州刺史稠公（829—905）、剡派始祖剡邑令珣公（853—933），原坐落在新昌旧县城通明坊即城四坊后街（今青年路小学校区内），为同城首屈一指的大祠堂。

俞大宗祠初建于宋，鼎盛于明。清顺治年间遭兵燹。三十二世祖乃芬公偕族亲二十四人主议重建，康熙六年（1667）鼎建，康熙二十二年（1683）告竣，是年冬嘉平月选吉奉主入祠。祠外有一个大道地，连着后街，后街建有跨路石牌坊左右各一座，上书“世封赠世第”五字。祠堂建筑三进，前为门厅朝南，有三个大门，中间正门门额题作“唐睦州刺史俞公家庙”，门口置有汉白玉石狮二尊，东首大门绘有秦琼、尉迟公二门神，一抱锏，一执鞭，体态较胖，甚是威武。进中门中间是甬道，略高于左右道地，左右道地建有石亭二座，梯阶至二进中厅，门额题作“俞大宗祠”。三进正厅（五间面二层楼）底层大堂供奉始祖及历代世祖神位。另有偏房数十间。

稠公，致昱公子，字惠卿，行惠六，唐懿宗时登进士，仕睦州（今建德）刺史。致仕后至长子剡邑令询公处颐养天年。为避黄巢之乱，与子珣隐居剡东五峰之麓，珣公后裔发祥于五峰，遂肇基“五峰”，并自定族号曰“五峰”，稠公为江南俞氏始迁祖。配张氏生四子，相继登进士。长询，字国玺，唐僖宗时仕剡邑令，为五峰派之祖；次琉，字国器，唐僖宗时仕歙州刺史，居杭，为杭派之祖；三玢，字国华，唐僖宗时仕汴梁副史，居汴，为京（汴）派之祖；幼玗，字国用，唐昭宗时仕明州大院判，居大晦，为明派之祖。五峰发祥，瓜瓞延绵，诸脉传承，枝叶葱茏，悠悠逾千载。

明万历《新昌县志》载，新昌县境内共有宗祠27所，其中俞氏5所，即禋冬祠、特恩祠、义济祠、百岁祠、追远祠。民国《新昌县志》载，县境内共有俞氏宗祠48所，其中在城有孔安、世德、特恩、萃和等26所，在乡有追远、崇报、建兴、维则等22所。在城俞姓祠堂，以元宵灯会最出名，俞大宗祠正厅楼上置有大批精制木架绢纱灯和明角灯具，每逢元宵佳节，各较大宗祠均张灯结彩，金碧辉煌。沃洲散人俞浚鉴先生在《沃洲竹枝词》中描述：“火树城中笑语哗，元宵灯火最俞家。村庄小妇成群至，两鬓匆匆灯草花。”

清光绪三十四年（1908）兴新学，俞氏在世德祠（今王家巷23号）创办私立“俞氏启蒙小学堂”。民国五年（1916），迁入俞大宗祠办学，改学堂为私立“五峰初等小学”，以祠产充经费，招收俞姓子弟入学。民

国二十四年（1935）改为“私立五峰高等小学”。1950年，改为“新昌县城区中心小学”，即今青年路小学前身。因青年路小学校区改建，俞大宗祠建筑被尽数拆除。（俞见达）

唐睦州刺史俞公家庙堂联：

规天矩地聚淑气于华堂肇开累世簪缨喜值上元甲子；
绍祖承宗迎英灵于美奂叠起当年敕诰恰逢来岁春魁。（进士吕爚书）
江南著姓铭旌勒鼎千秋俎豆荐馨香五马屏列成堂宇；
山左发祥祖德宗功百世子孙崇寝庙九龙珠捧出楼台。（进士吕爚书）
念祖德宗功作前述后堂构维新告无罪于先人敢云美轮美奂；
幸子孝孙贤趋事赴公箕裘克绍永有垂于奕叶自尔寖炽寖昌。（嗣孙孟余撰）
簪缨甲东剡渊源溯自青州瞻兹寝庙维新垂千百代尊祖敬宗之大义；
阀阅冠南明基业兆夫唐室对此尊彝载肃仰亿万年诒孙燕子之宏规。（翰林陈捷撰）
华胄衍自青吴世德作求裕垂弓冶诒谋羡凤毛麟角以妥以侑禋祀苾芬光俎豆；
名门迁由唐宋孝思维则奕叶簪缨济美快鸾锵鑫斯是皇是享礼仪卒获贲蒸尝。

新昌城关王家巷

俞特恩祠

俞特恩祠（静安坊东宅长房宗祠），坐落在新昌县城忠信坊（城五坊）即今王家巷 14 号。主祀五峰俞氏二十一世东宅长房祖楩公（1281—1352）、二十四世诰赠礼部右侍郎用贞公（1382—1462）。

明吏部尚书商辂所撰之《诰赠通议大夫右侍郎俞公神道碑》（神道碑与诰封俞用贞圣旨文碑，现陈列于县博物馆碑廊）载：“礼部左侍郎俞钦，先时以右侍郎满三载，蒙朝廷推恩，追赠其祖用贞为通议大夫礼部右侍郎，锦诰宠颁，九原增賁。钦念墓未有石，无以侈圣恩，昭潜德，因奉致仕贵州按察副使同邑章君敏所述事状，

以神道碑铭来请。予与钦交相厚，弗可辞，遂按事状序而铭之。序曰：公姓俞氏，讳贵良，字用贞，行端八，别号清节……每恨父兄早世，奋自树立，广拓田园，增创室庐。修建祠堂，以奉其先，岁时祭享，务尽其诚……”静安坊东宅长房宗祠乃是由用贞公所初建，“俞特恩祠”之称谓，乃是出于“不足以报圣恩”与“光宗耀祖”方面之考量，而由其后裔更名。

俞特恩祠原为明建筑，坐北朝南，原有门厅、中堂、厢房、道地，占地面积五百余平米，建筑面积四百余平米。民国三十年（1941）5 月 19 日，日机轰炸县城时有一炸弹投落道地，故祠被毁。民国三十六（1947）由族人重建，次年建成，门额题作“俞特恩祠”，定制墙砖侧面有“特恩”二字。除中堂五间面二层楼保留完好外，其余建筑物均已被改建。

俞特恩祠下房派宗祠，在城有承恩、继恩、联恩、侍郎、绍恩、昌后诸祠；在乡有建兴、怀恩、洽恩、世恩、思则、继昌、光裕、垂裕、世昌、亨九、奉先诸祠。据第二十八修宗谱辑录的在世谱丁统计表（依据行传统计），俞特恩祠派在世谱丁为 2601 人，其中：三十八世 2 人，三十九世 36 人，四十世 132 人，四十一世 378 人，四十二世 722 人，四十三世 740 人，四十四世 453 人，四十五世 127 人，四十六世 10 人，四十七世 1 人。（俞见达）

新昌城关后街

俞世德祠

俞世德祠（静安坊西宅二房）位于新昌县城关镇城四坊后街，即王家巷 23 号。该祠九马楼形式，占地面积约 500 平方米，正殿大堂五间面，东西耳房各三间，前厅五间。前厅、后堂保留完好，门第、照墙、界石尚在。该祠创建年代不详，据民国三十六年（1947）重修版《俞氏西宅世德祠宗谱》载：清光绪三十四年（1908）重修祠。三十六世祖祠长学贤议修。清末民初，废科举，兴新学，五峰俞氏在世德祠创办“私立启蒙学堂”。民国五年（1916）改学堂为“私立五峰小学”。1951 年土地改革后，世德祠被改作他用，现为邮政系统职工宿舍楼。

世德祠主祀五峰俞氏二十一世祖桂公，字允芳，号谷真。二十二世祖僧公，字文释，号四隐。（俞焕苗）

附：《恩荣堂记》

德与孙公以正郎主事宪部，与新昌俞公振文（注：五峰俞氏二十六世祖铎公字振文）而相与莫逆。迨孙公佥宪南闽，俞公由宪部郎中出守南昌，乃孙公邻郡，燕鸿反背，皆起遐思。近闻厥翁叔晦先生（注：五峰俞氏二十五世祖遯公字叔晦）膺封在堂，而羁于职守，弗获往拜，遂为题“恩荣堂”三字，远将其意而征予文记之。予与俞公邻邑，且同宦好，乌可辞。夫俞公登进士为秋官，升正郎而超擢郡守，荷帝恩而显荣矣，鸾诰龙章，褒其成功，封其父母以及厥配。天光日华，照于中堂；锦衣朱翟，贲于内外。恩宠之荣，殆无以加。以是题其堂，名实相称，非溢美也。夫恩出于君，荣及其臣，岂易致哉？予闻俞公在秋官则钦恤明慎，以持国宪而无冤狱；居郡守则慈祥恺悌，以敷布皇仁，而邦人以宁。且廉介之操，今昔一致，仰荷恩荣，有自来矣。然君之推恩，匪直荣其臣及其亲而已，将以励其忠勤而风化天下。公服此素，欲名之于堂，警其心，示其后，以图报乎君，盖存于志而未发耳。孙公知其志而成之，所谓二人同心者也，抑岂夸耀于人哉！触目与怀，感君恩于不忘耳。自今俞公必思益笃忠贞，以答天宠，以来三锡之命；相君以怀绥天下，而为邦家之光，不止荣于一堂也；赞君以永绥天禄，而为社稷之臣，不止荣于一时也。则凡光前裕后，孰非此荣之沾濡乎？呜呼！二公以朝望台容，同德相应，而成之勋业，昭于海内，非止荣于一乡也，为子孙者陟降斯堂，顾兹名义，亦皆思承志事。其乡之为士者闻之，将与忠孝，以求无愧于俞门。则孙公此举，大为风教关焉，而予当职纪述劝励，于是乎书。景泰六年龙集乙亥仲春朔日赐进士出身前翰林院检讨江西提刑按察司廉使临海陈璲书

4

新昌小将芹塘村

俞氏宗祠

芹塘村俞氏宗祠位于新昌县小将镇芹塘村内，建筑面积约140平方米，建造年无记载，祭祀五峰俞氏二十七世沥公。

小将镇芹塘村位于新昌县东部，在新昌第一高峰菩提峰山下，是沃洲湖源头之一，与天台石梁接壤。走象西线，东至小将，转石梁方向，行进约10里处便到竹海古村芹塘。这里流传着一个“讨饭骨头圣旨口”的古老传说。唐末五代时，江东才子罗隐每言成谶。一天，罗隐去游访石梁，借宿芹塘，晚上蚊虫嗡嗡使人睡不好觉，于是他默默的叨念：“罗隐芹塘宿，蚊虫去叮竹。”话语刚落，蚊子果然就飞到竹林，至今芹塘人依旧很少用

蚊帐。芹塘历史悠久，始建于宋。早时村基位于两大水系交汇处，因沼泽潮湿，村内水芹菜繁盛，古称芹谷。据史载，北宋初年，董氏第八世祖董梧入赘于将山（即小将）石氏，同居不利，遂徙居芹塘，繁衍后裔，现有董、张、俞、袁四大姓。村内现存古祠堂、古台门、石桥、古墓等古建筑，最负盛名的是芹塘八景，即“七桥一祠”。近年来，芹塘村先后被评为省级历史文化保护村落、市级兴林富民示范村、县级清洁家园示范村、县级生态村、县级卫生村、县级文化特色村等。

2015 年，芹塘村共有农户 323 户，耕地 700 亩，毛竹 3000 亩。村民人均纯收入 1 万元，村集体当年收益为 2 万元。（俞焕苗）

天台石梁慈圣村

俞氏宗祠　光盈堂

光盈堂俞氏宗祠位于天台县石梁镇慈圣村内，该祠建筑面积约 140 平方米，建造年无记载，祭祀五峰俞氏三十三世祖昌元公。

慈圣村位于天台县石梁镇东北部，在新昌第一高峰菩提峰山下，是沃洲湖源头之一。（俞焕苗）

光盈堂

新昌小将道士岙村

俞氏宗祠

道士岙村俞氏宗祠位于新昌县小将镇道士岙村内，该祠祭祀五峰俞氏三十二世祖壁公，该祠建筑面积约300平方米，建造年无记载。

该村位于新昌东部，在新昌第一高峰菩提峰山下，是沃洲湖源头之一，与天台石梁接壤。该村217户，556人，耕地面积373亩，水田面积314亩，山林面积6763亩，2010年村民人均纯收入7294元。该村是竹制品专业村。（俞焕苗）

新昌拔茅王泗洲村

俞建兴祠　敦本堂

民国版《新昌县志》卷六《氏族·俞氏篇》载，建兴祠在县东王泗洲。2007年《新昌县地名志》载，王泗洲行政村，村委会驻地王泗洲，位于城东南十公里河谷盘地，古名泗洲，因新昌江绕村东北流经而得名。后王氏祖先从琅溪（今郎坑）迁居斯地，遂改名王泗洲。清代属仙桂乡二十都，宣统二年（1910）属东区沃洲镇，民国二十四年（1935）属分水乡，三十六年（1947）属分水乡十一保。1950年属分水乡，1956年属新民乡，1958年为新昌人民公社拔茅大队王泗洲生产队，1961年为拔茅人民公社王泗洲大队，1966年改名红村，1973年恢复原名，1983年属拔茅乡，大队改设村委会，1985年属拔茅镇，2001年属城关镇。下辖王泗洲一个自然村，8个村民小组，323户，988人，俞、朱姓居多。俞氏从县城更楼里迁此。

俞建兴祠坐落于王泗洲村村西，坐北朝南，祠原由门厅（五间面）、戏台、两侧看楼（各五间面）、正堂（三间面）、左右厢房各一间等建筑组成。祠前是村道，村道外有一特大水田，曰“三十六亩”，相传为俞氏祖公奋力筑堤围垦而成，其意是祈盼子孙世传相守。元至正年间（1341—1367），五峰俞氏二十三世宗善公（父俞兴，祖俞梗，梗公为新昌静安坊东宅长房祖即特恩祠派祖）自县城更楼里卜居于王泗洲村，厥后螽斯蛰蛰，门闾昌大。建祠，祠曰“建兴”，堂曰“敦本”。建兴祠下有光裕祠、世昌祠、垂裕祠、亨九祠、五房里、赤土、大洋山诸房派。

2015 年 10 月，在原址重建建兴祠（即村文化礼堂），2016 年 8 月工程告竣，工程用地面积 423 平米，建筑面积 1100 平方米，总投资 220 万元，出资者为三十八世源湘公等三人。正门及边门外墙上方题有“俞氏宗祠”四字，门厅西内墙立有《捐祭产碑记》《俞建兴祠文化礼堂碑记》。据传，原建兴祠正堂东首悬挂“特恩祠分派”匾额，西首悬挂“建兴祠”匾额，正中悬挂“敦本堂”“欣笔重光”匾额，戏台有一楹联曰：“一弹流水一弹月；半入江风半入云。”（俞见达）

新昌沙溪董村

俞维则祠　光裕堂

民国版《新昌县志》卷六《氏族·俞氏篇》载，维则祠祀祖蕴侯，在县东董村门楼里。2007年《新昌县地名志》载，董村行政村，2004年5月，由上董、下董、里泄下、外泄下、上居坑五个行政村撤并建立。上、下董村已连为一体，村委会驻地上、下董村中间。土改时为董村乡驻地，系旧名新用。上董古称龟溪，因村前溪中有两块岩石形如乌龟得名。下董位于沙溪南十二公里山湾，村因地势较上董村低，故名下董。旧称门楼里，因村前有一俞公岭，站在岭上看村形如门楼，故名。清属善政乡二十九都，宣统二年（1910）属东区沃洲镇。民国二十四年（1935）属石熊乡，三十六年（1947）属四明乡四保。1950年属董村乡，1958年为沙溪人民公社董村大队下董生产队，

1961年为董村人民公社下董大队，1966年改名红旗，1968年恢复原名，1983年属董村乡，大队改设村委会，1992年属沙溪镇。村民以俞姓居多。

首迁董村的五峰俞氏十三世明伦坊俞侣（1027—1096），官迪公郎庆元府经历，致仕后游龟溪，爱其地之幽，命其子俞天透（1049—1115）在此置业筑室，以为往返宿泊之处，晚年遂挈家迁居此地，时在宋神宗（1068—1085）年间。距村北100米，有水晶矿遗址、摩崖题刻。

维则祠（明伦坊龟溪石壁三房宗祠）位于下董村村居宅西，坐北朝南，是由门厅、戏台、厢房、正堂等组成的清古建筑。该祠始建于清道光十六年（1836），《维则祠碑记》有载：“间考《礼》载明堂，《诗》咏清庙，皆所以妥先灵，承祭祀，尊祖而敬宗者也。思我二十七世祖蕴侯公，系出五峰，自追远祠派分，而后椒衍实蕃，倘宗祠莫建，将春露秋霜，荐馨香于何处？门分户别，序昭穆兮奚由？爰裔孙清正、清麒、清莲、邦宁，于道光十六年（1836），集族商议，助资捐产，建祠宅西，以为尊祖敬宗之所，此孝思之足为后世则者，非特光前之美意，诚裕后之良模也。”

清同治八年（1869），三十九世孙圣昌妻胡氏（胡卜村胡莲桴长女）“图祀事之常昭，报宗功之遗泽”，将已田五十余亩捐助于维则祠，其三十亩议定另承祭祀，簿载祭规，其二十亩培植书香，请师设教。20世纪40年代，四十二世孙文林任“四明乡俞氏代用中心小学”校长，1950年，祠堂废除祭祀，改名“董村乡中心小学”，后小学搬迁，祠堂颓废。2016年，由四十三世孙春国倾心倾力主持祠堂重修并增添周边附属设施，开设“乡村记忆馆”，四十四世孙媳吴氏宝芹尽心尽力承建，工程于2016年8月动工，至2017年9月竣工，由政府拨款，总投入150万元。楹联由四十三世孙武鼎、锦标、乃六，四十四世孙聚拜撰，四十三世孙婿竺森浩，四十五世孙鑫正拜书。（俞见达）

新昌沙溪董村

俞钦先祠

钦先祠，一曰中宅祠，位于下董村村中，坐西朝东，由门厅、戏台、廊厢、正厅等建筑所组成。创建于清晚期，后因年久失修，祠内建筑陈旧霉蛀，破损严重。2016 年，由四十三世孙春国倾心倾力主持祠堂重修并增添周边附属设施，四十四世孙媳吴氏宝芹尽心尽力承建，工程于 2016 年 8 月动工至 2017 年 9 月竣工，由政府拨款总投入 61 万元。

钦先祠祀五峰俞氏十八世明伦坊龟溪中宅派祖希猷公（父惟聪南湖派祖，祖传义仕承事郎天台县尉）。龟溪石壁派《俞氏宗谱》卷之四《统宗行传》载：十七世惟聪，字德闻，行十四，传义三子，生于北宋宣和四年（1122）六月初六日，娶董氏，生四子：希建、希猷、希俣、希依，仕荆湖南路安抚使，以慈福皇后庆恩封迪功郎，卒于庆元三年（1197）五月十四日，享年七十八岁，墓合葬南湖庵。《金字谱》之《明伦坊居龟溪图》《龟溪中宅派图》载，十七世惟材公长子希长徙剡贵门，次子希彦洩下祖，幼子希献黄坑祖；十七世惟倪公次子希线白竹祖，三子希茜淦坑祖；十七世惟聪公长子希建真诏祖，次子希猷龟溪中宅祖，三子希俣石壁祖。（俞见达）

新昌沙溪湰坑村

俞氏宗祠　敬爱堂

民国版《新昌县志》卷六《氏族·俞氏篇》载，敬爱堂祀祖茂南，在县东湰坑村。2007年《新昌县地名志》载，湰坑，湰坑村委会驻地，位于沙溪东南十公里田鸡山脚。原名干坑，因村边山坑经常干涸得名，后村里一秀才认为“干”字不雅，遂将干坑改为湰坑。清属善政乡二十九都，宣统二年（1910）属东区沃洲镇。民国二十四年（1935）属唐诏乡，三十六年（1947）属四明乡十二保。1950年属蔡峰乡，1958年为沙溪人民公社蔡峰大队湰坑生产队，1961年为沙溪人民公社湰坑大队，1964年改名光明，1980年恢复原名，1983年属沙溪乡，大

队改设村委会，1988 年属沙溪镇。俞氏十一世俞文旺（963—1022）在宋初迁入新昌城中明伦坊，十八世孙俞希茜从董村迁此。

明伦坊龟溪石壁派《俞氏宗谱·俞氏五峰分支派》篇载，十七世惟倪公（东源派祖）三子希茜涂坑派。《统宗行传》篇载，十八世希茜，惟倪三子希茜，分居涂坑，娶陈氏，生三子：宁甫、安甫、和甫。《金字谱·涂坑派图》载，希茜生三子：宁甫、安甫、和甫；宁甫生二子：太新、太初；安甫生三子：太康、太庄、太惠；和甫生二子：太光、太修。

敬爱堂坐落于新昌县东涂坑村西北角，属县级文物保护点，始建于清道光二十四年（1844）。宗祠正门门额题曰“俞氏宗祠”，两侧为厢房，中设戏台，正堂中央悬挂红底贴金“敬爱堂”匾额，两侧悬挂白底黑字“文魁”匾额各一块。1988 年 7 月 30 日遭受建村以来特大洪水灾害，祠西南侧墙体被冲毁，厢房遭受严重损坏，由政府拨救灾款及时修复。2005 年秋，由村俞氏裔孙捐资，对宗祠进行了整体修缮。（俞见达）

新昌沙溪真诏村

俞氏宗祠　崇报堂

民国版《新昌县志》卷六《氏族·俞氏篇》载，崇报堂祀祖希建，在县东真诏村。2007年《新昌县地名志》载，真诏，真诏村委会驻地，位于沙溪南三公里溪边，原名诏溪，因皇帝诏封得名。相传古代华定县有个俞三全，考取进士没授官，郁闷而死。后皇帝看到俞三全的文章好，授他为华定县知县。当时各处查找，只有该村有个十三岁的俞三全，即被诏封为华定知县，人们就称其所居地为诏溪，后改为真诏。清属善政乡三十都，宣统二年（1910）属东区沃洲镇，民国二十四年（1935）属唐诏乡，三十六年（1947）属唐诏乡一、二、三保。1950年属沙溪乡，1988年属沙溪镇。12个村民小组，485户，1323人，俞、唐二姓居多。五峰俞氏十八世祖希建公在北宋晚期从董村迁此。

崇报堂坐落于新昌县东真诏村村西，始建于清嘉庆四年（1799），民国十九年（1930）遭匪焚毁，民国二十一年（1932）重建，主祀五峰俞氏十八世真诏派祖希建公，现存祠堂是由正厅、看楼、戏台、前廊组成的比较完整的古建筑。正厅面阔五间，明间台梁式，次间穿斗式，前檐耍头牛腿皆为精细雕件，耍头浮雕花卉，明间牛腿透雕倒挂狮子，次间边柱牛腿为鹿含草，梢间边柱为和合二仙。戏台歇山式，半球形藻井。山门面阔五间，三明两暗，檐柱牛腿为八仙及和合二仙，耍头浮雕吉庆人物，为清中晚期特有的建筑风格。新昌真诏《俞氏宗祠》载有清嘉庆二十年（1815）吴兆熊所作的《崇报堂记》《崇报堂碑记》。（俞见达）

附：《崇报堂碑记》

越稽新昌俞氏谱系，以庄公为始祖。世居青州，递传六代，有讳稠、讳珣二公父子，宦游江南。稠公为睦州刺史，珣公为剡邑令。时遭黄巢之乱，遂隐居剡东之五峰。传至十七世惟聪公长子希建公，由龟溪徙居真诏。越数代，源祥公生闻透公，闻透公生讳藻、讳滨二公，历今三十六七世。因滨公派下有祠宇基址，于嘉庆四年（1799）间议建新祠，大其规模，高其闬闳。此虽祖宗之灵爽式凭，亦见后嗣之崇德报功，非徒以俎豆荐馨、春秋展祭，聊博虚声焉耳。至于历代之硕士名臣，累朝之丰功伟绩，凡垂于国史、载在家乘者不可胜计，亦不必更赘一词，爰将滨公之祭田以及祠宇基址汇勒于石，以垂不朽。至异日子姓云礽，将见敦宗者恒于斯，睦族者恒于斯。继先贤而恢廓先绪，垂后裔而佑启后人。继继承承，孝思不匮；跄跄跻跻，奏假无言。创于前而修其祖庙，述于后而荐其时食，庶几本支百世不易，蒸尝万古如新。是为记。

新昌沙溪下蔡岙村

俞家祠堂　承启堂

2007 年《新昌县地名志》载，下蔡岙，下蔡岙村委会驻地，位于沙溪东十九公里山岙，村近上蔡岙，因地势高低其位居下，故名下蔡岙。清代属善政乡二十九都，宣统二年（1910）属东区沃洲镇。民国二十四年（1935）属蔡黄乡，三十六年（1947）属四明乡十三保。1950 年属蔡峰乡，1958 年为沙溪人民公社蔡峰大队下蔡岙生产队，1961 年为蔡峰人民公社下蔡岙大队，1983 年属蔡峰乡，大队改设村委会，1992 年属沙溪镇。下辖 8 个村民小组，285 户，724 人，俞、胡、王三姓居多。俞氏从董村迁此。

下蔡岙俞家祠堂，其堂曰“承启”（原有堂匾，为清末著名书法家毛玉佩所题），祀五峰俞氏二十八世即明伦坊龟溪石壁派大房下蔡岙祖茂威公。

该祠始建于民国二十二年（1933），位于新昌县沙溪镇下蔡岙村田屋里村口西隅，坐西朝东，正堂五间面，两边厢房各三间，天井外大门口为操场。正堂木柱单人不及合抱，台梁基石之大为县内罕见，建筑雕花技艺颇为高超。惜狮子、金鸡、凤凰等浮雕头部在“文化大革命”期间被毁。1999 年，经裔孙俞美华牵线，俞之三（讳全民，号天愚）资助，俞美善经办，对宗祠进行整体修缮，宗祠（学堂）遂焕然一新。下蔡岙村民风淳朴，崇书重教，人莫不以学为荣，家莫不以教为先，族人于民国二十五年（1936）在祠开设学堂，民国三十二年（1943）改学堂为“四明乡第一中心国民小学”，1949 年更名为“下蔡岙完小”。现正堂悬挂俞之三先生手书“教育兴邦”和原新昌县副县长张岳明亲书“情系桑梓”匾额，足以彰显下蔡岙村俞氏崇书重教之传统。2007 年村族人俞祖钱、俞万方等又捐资重修宗祠，有俞氏宗族重修祠堂联曰：“情系桑梓叶落归根；积德行善留芳千古。”（俞见达）

新昌儒岙外岙村

俞氏宗祠　明禋堂

2007年《新昌县地名志》载，外岙，位于儒岙南十一公里山岙，清属彩烟乡十七都，宣统二年（1910）属南区彩烟乡。民国二十四年（1935）属三民乡，三十二年（1943）属报国乡，三十六年（1947）属报国乡三保。1950年属报国乡，1958年为儒岙人民公社报国大队外岙生产队，1959年与里岙合并，称里外岙生产队，1961年为报国人民公社外岙大队，1983年属报国乡，大队改设村委会，1992年属儒岙镇。下辖3个村民小组，122户，403人，俞、陈、王三姓居多。

俞氏从天台迁此。外岙俞氏宗祠坐落在新昌南乡外岙村村西，系五峰俞氏马岙派回迁新邑支脉之一的小宗祠。创建于清乾隆（1736—1795）年间，因《外岙俞氏宗谱》中未见建祠记，故不知其具体创建年代。然南屏邑庠增广生王大荣顿于清乾隆五十四年（1789）所撰的谱序有“己酉岁，余设帐外岙俞氏宗祠”之语，知外岙

俞氏宗祠当时已经存在。外岙俞氏宗祠主祀五峰俞氏二十五世起公、二十六世克美公。

清光绪三十一年（1904）真诏派族孙函三撰的《外岙俞氏重修宗谱序》云："俞氏自唐僖宗时稠公父子始迁，迄今日已千有余年矣。大宗祠在城中，城中及各乡之祠合计七十余所，其迁居邑外者无算，故新邑俞氏十居其二，未有盛于俞氏者也。我朝以科举取士已二百六十有二年，至今日而乃废。俞氏之登乡会榜一者十人，其九人均在城中，惟予以在乡一人殿之。予于光绪甲午（光绪二十年，1894）举于乡，首谒城中大宗祠，次及于各乡，而外岙俞氏亦亲至也。予居东乡真诏村，而外岙在于南乡，相去百余里。初未知其原委，询其由九世祖仁厚公父子迁居宁海之马岙。十一世祖文则公迁于象山之羊巴，二十一世祖相公乃返于新邑松关之大路坂，至二十五世祖起公父子卜居外岙，遂成巨族。其有分居王罕岭者，三十三世祖洵梁公住里湾，三十四世祖兆煌公叔侄信相住外湾，去我村十有余里，其人皆与予相识矣。今日外岙族中族长等议修宗谱采访至王罕岭，而王罕岭派先金公，于予为叔祖也，携其谱而问序于余，余展卷读之，其由新昌而宁海，由宁海而象山，由象山而新昌者，其系无不周普也，其事无不详见也，则谱之所系顾不重哉！今外岙宗谱分修已六次矣，大、二房派下男女数百余人，世居外岙者也，三房派下男女数百余人，分居王罕岭者也。"

外岙俞氏宗祠原有门厅、正厅、戏台、厢廊等古建筑。门额题曰"俞氏宗祠"，中堂悬挂"明禋堂"匾额，另挂有清乾隆六十年（1795）九月吉立的"恩科""文魁"两块匾额。（俞见达）

新昌回山渡河村

俞四祥祠

四祥祠，又名上潭祠，坐落在新昌县回山渡河村，系新昌静安坊东宅萃和祠完十一房派下小宗祠，奉祀五峰俞氏二十九世祖自瑞公（学浩公三子，字思祥，即高坵太公）。

民国四年（1915）《俞氏静安坊东宅萃和祠宗谱》载，二十九世自瑞，学浩公三子，字思祥，配梁氏，生四子：国荣、国富、国增、国相，生明万历四十一年（1613）五月十一日，卒清顺治四年（1647）十二月二十九日，卒年三十五，葬十二都高坵。二十八世学浩，从本公四子，配张氏，生三子：自端、自揣、自瑞，分住渡河，墓葬庄基。公建有四祥祠，老祭田五亩五分九厘六毫，地六分六厘，山九分五厘五毫；坐渡河土名前山坂田八石，又下塘田四石，山前坂田八石，共田四亩，公议立为书田，派下文武入泮者，得管收租，而捐纳者不与也。思正公捐祭田三亩七分三厘四毫；思祥公捐祭田三亩二分九厘三毫；思祥公派国荣公捐祭田一亩六分一厘、国富公捐祭田三分九厘二毫、国增公捐祭田二分、国相公捐祭田九分二厘一毫；贞四公附食四红祠，捐香灯田三石，土名帽兜爿；大成公捐田一亩五分六厘八毫，土名下郭；土发公捐坑田一亩二分，土名许家平，又捐坑田一

亩三分二厘五毫，土名六址凹，硃田二亩六分六厘三毫，土名长治丘。民国版《新昌县志》卷六《氏族·俞氏篇》载，四祥祠在县南渡河村。四祥祠今已不存，不及复建矣。

四祥祠初建于清代，重建于民国二十八年（1939）。2013 年，由四十世孙朝杰等捐资予以整体修复。祠中堂挂有思祥公与德配梁氏祖像二幅，祠门厅外墙镶嵌有《修复四祥祠碑记》，碑联曰：“入祠当有忠孝念；登堂宜禀祖宗心。”（俞见达）

15

新昌镜岭大畈村

俞氏宗祠　永秀堂

2007 年《新昌县地名志》载，大畈，大畈村委会驻地，位于殿前西南四公里山湾，村坐落在大田畈中，故名“大畈”。清属彩烟乡十二都，宣统二年（1910）属西区澄潭乡。民国二十四年（1935）属镜屏乡，三十六年（1947）属镜屏乡十、十一保。1950 年属西山乡，1956 年属镜屏乡，1961 年为镜屏人民公社大畈大队，1983 年属镜屏乡，大队改设村委会。下辖 6 个村民小组，418 户，1226 人，吕、丁、俞三姓居多。

大畈俞氏宗祠永秀堂，坐落在新昌县镜屏乡大畈村村南，系明伦坊学东长房派下大畈支脉宗祠，主祀五峰俞氏二十八世献忠公，建于民国八年（1919）。据《重修大畈派祠谱叙言》记载，主事者为俞氏房长耀成，经理耀猛、耀良、耀宝、杨春、春茂、岩春、守身。

民国八年(1919)重修版《俞氏学东长房宗谱》载有《三十八世孙圣洪之妻建祠捐资记》，又有《三十九世耀成公赞》曰：“幼入学堂，长肩家政。佳偶淑配，乐事天伦。俾昌厥后，双桂挺生。修祠葺谱，经理弥殷。虽非合族之长，实为一派之尊。”永秀堂原有的门厅、厢房、戏台诸建筑，现均已被拆，改建成为村文化礼堂，现只存正堂三间。正堂外墙为卵石砌筑。（俞见达）

新昌巧英石棋盘村

俞福德祠　福德堂

新昌县巧英乡五星村石棋盘自然村俞氏福德堂宗祠，创建于清宣统元年（1909）。石棋盘，为五星村委会驻地，位于梅树畈北二十公里山岙，村边有块丈余方的绿石，表面石纹形似棋盘，故名“石棋盘”。旧时亦作“石雷盘”。清属善政乡二十八都，宣统二年（1910）属东区沃洲镇。民国二十一年（1932）属雪溪乡，二十四年（1935）属石熊乡，三十六年（1947）属四明乡九保。1950 年属雪溪乡，1958 年为小将人民公社雪溪大队石棋盘生产队，1961 年为雪溪人民公社石棋盘大队，1983 年属雪溪乡，大队改设村委会，1992 年属巧英乡。4 个村民小组，151 户，452 人，俞、董二姓居多。

俞氏从宁海县马岙迁此。福德堂乃是五峰俞氏马岙派回迁新邑脉系之一的小宗祠，大堂上方悬挂“福德堂”匾额，还挂有“光宗耀祖”匾一块，堂中建有神龛阁，神龛阁内供奉六世祖稠公与张氏夫人及石棋盘俞氏历代祖公神位。堂右侧立有清宣统元年（1909）孟夏上浣吉立的《建造俞福德祠碑记》，该碑记由城中庠生徐师孟撰写，芳名录由首事学林谨具。

《碑记》曰：“祖宗丘墓之所在，为孙子者，忍令魂魄无依，四时无受尝之所，天下必无是人情。故古先王穷报本反始之意，隆榆祀蒸尝之典。俞氏三十六世祖嘉琴，三十七世祖廷兰公，由宁邑马坡村迁住新邑飞天蜈蚣，三十九世祖朝阳公，则由飞天蜈蚣转迁石棋盘村。迄百余年来，孙子绵延，即不下数十家。螽斯衍庆，不可谓不速矣。四十世嗣孙学林公出资四百余金，造建大堂三间，神龛阁一，神位林立，俾祖宗之灵魂，得所凭依。落成之后，朱漆增辉，雅然可观。额其祠曰‘福德’，取德修于己、福及后人之意，循名核实，洵足嘉焉。余谊属世交，嘱余书其巅末，爰不揣謭陋，而为之记。”（俞见达）

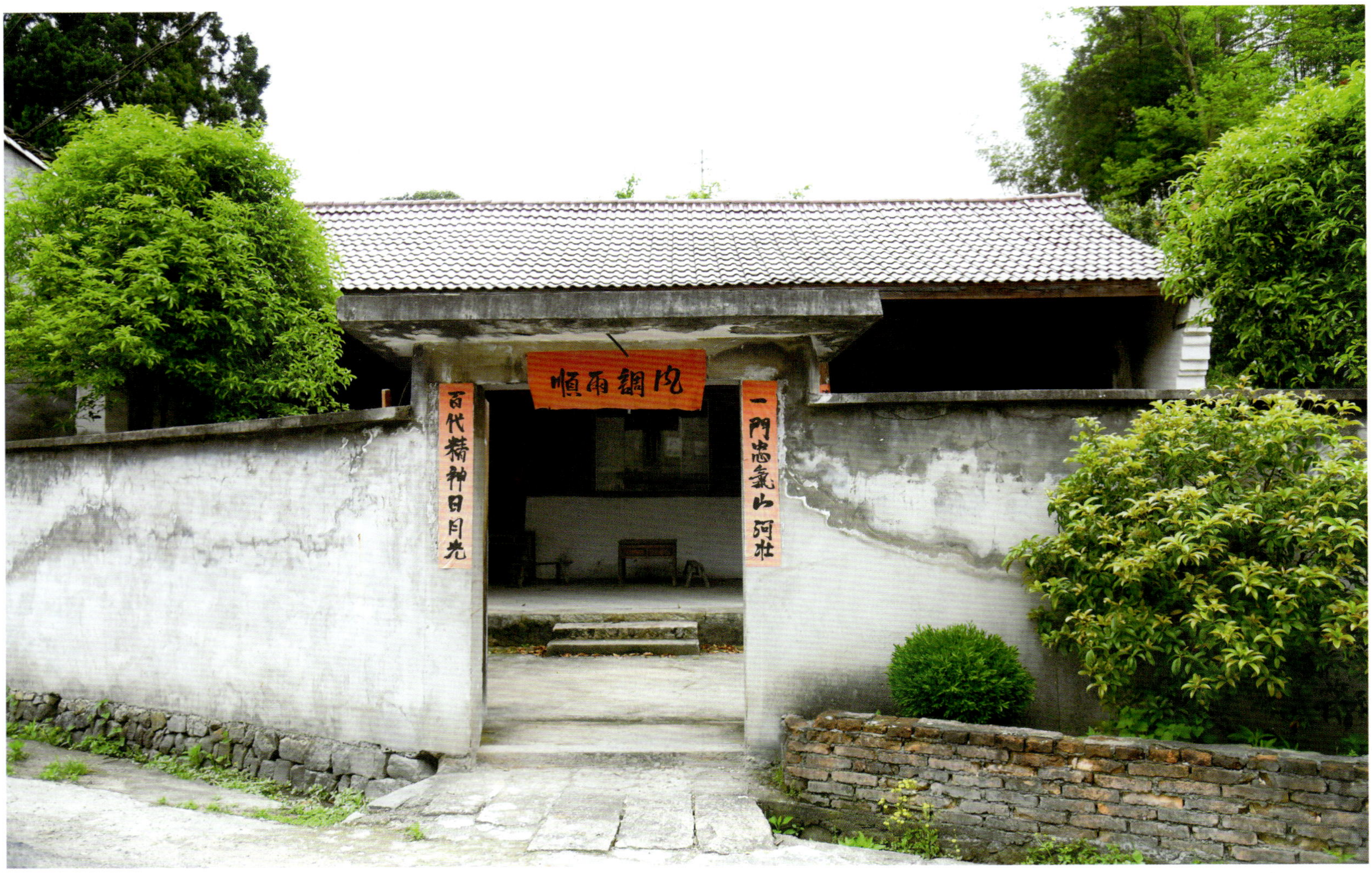
風調雨順
百代精神日月光
一門忠氣山河壮

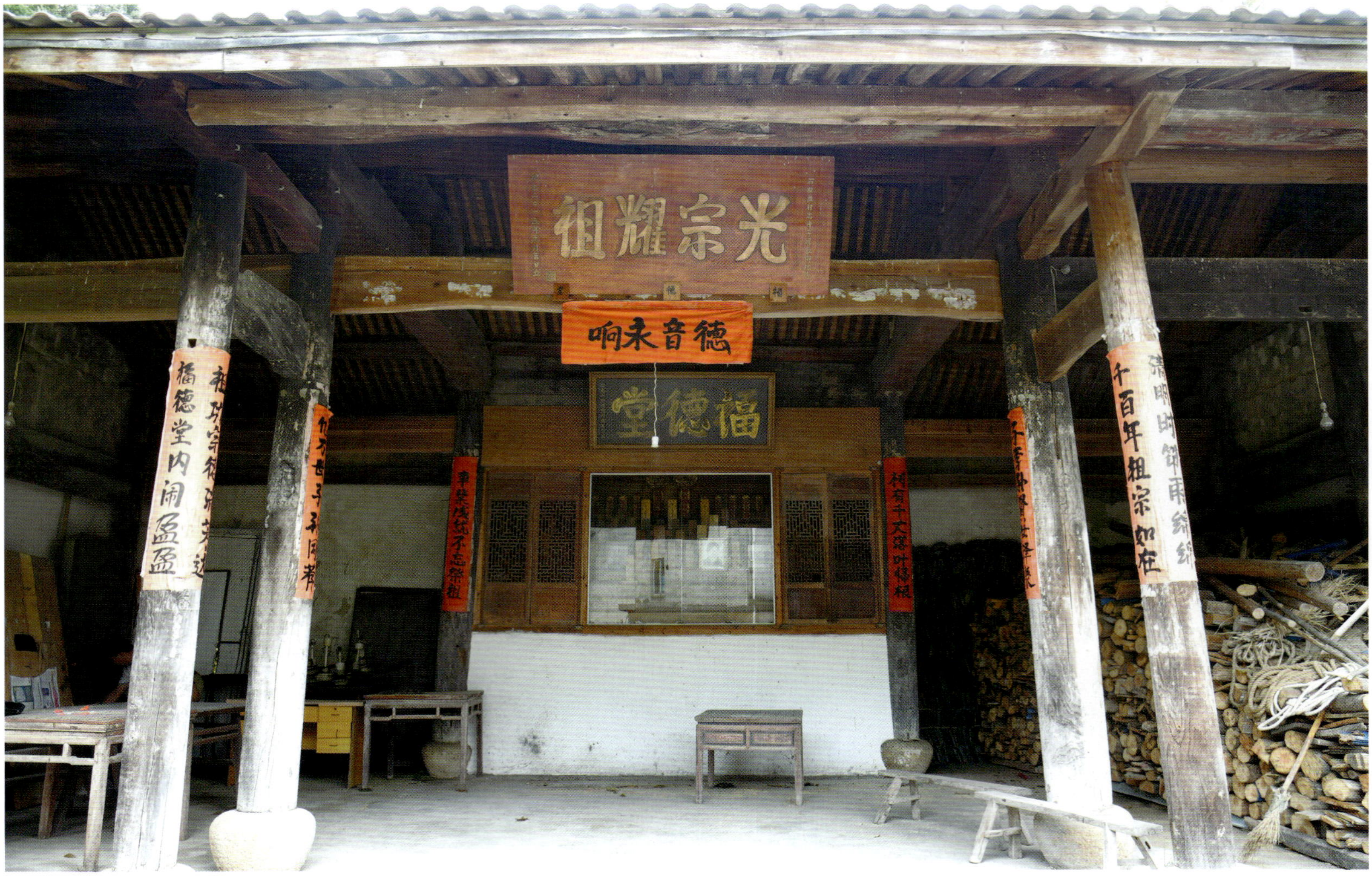
光宗耀祖
德音来响
福德堂
千百年祖宗如在

嵊州甘霖苍岩村

俞氏大宗祠　崇本堂

剡溪苍岩俞氏家庙崇本堂，俗称大宗祠，位于现嵊州市（古称剡县）甘霖镇苍岩（俗称乌岩）村，坐落于澄潭江和小乌溪江交汇之处，依山傍水，风景幽雅，“狮山独钓”“宝溪渔唱”“燕尾晴岚”诸景，闻名遐耳。斯地历史悠久，文化底蕴深厚。光绪三十一年（1905）清廷废除科举制后，陶成章、蔡元培等绍兴府在京举子，秘密组织反清革命党，苍岩即是其所领导“光复会”进行革命活动重要据点之一。自清廷废除科举制后，苍岩为嵊县最早倡办现代学堂之地，培养教育出了大量素质优良之学子。苍岩乡村越剧“男子小歌班”三进沪地演出，成为现代越剧之先驱奠基者；同时施家岙乡人王金水创办越剧女子科班，亦为越剧的发展作出了重要贡献。苍岩即为嵊县历史上烟叶种植和手工卷烟制造基地。

剡溪苍岩俞氏始祖溯源青州益都，派衍越州剡溪五峰。徙浙祖俞稠（六世祖），生四子（珣、琉、玢、玗）；第七世祖长子俞珣（剡溪派祖），生二子（长承休，次承志）；第八世祖次子俞承志，生一子仁裕；第九世祖俞仁裕，生三子（长伯渊，次伯深，幼伯潜）。第十世祖长子俞伯渊，携二子（长文昌，次文明）徙居剡南上阳（今东阳三单乡），是为斯地俞氏始迁之祖。南宋绍熙元年（1190），其族后裔第十九世祖俞澄，徙于嵊县苍岩定居，遂为斯地俞氏苍岩派之祖。

剡溪苍岩俞氏迄今830年，其族繁衍生息，该村后裔已达1370户，3734人，聚居区域面积约为5.1平方公里。同时该村后裔外迁，辐射于东阳、天台、绍兴、新昌、嵊州等地40余个村镇，及散居国内外者，已达2万余人。

崇本堂

荆南第一族

敦倫睦族

剡溪苍岩俞氏历代先祖，曾先后创立宗祠十座，其一曰“大宗祠（俞氏家庙）”，其二曰“伟一祖祠（大房祠堂）”，其三曰“伟三祖祠”，其四曰“鉴二祖祠（上四脚祠堂）”，其五曰“朴庵公祠”，其六曰“元峰公祠（牛角祠堂）”，其七曰“敬始祠（亦称炳公祠或行企祠堂）”，其八曰“容庵公祠（牌坊祠堂）”，其九曰“两川公祠”，其十曰“缙齐公祠（新祠堂）”。其中“大宗祠（俞氏家庙）”位于苍岩村明清古街西首，坐北向南，面临澄潭江，奉祀始迁祖俞澄。澄字汝清，生于南宋绍兴二十四年（1154），卒于嘉定十三年（1220）。仕承事郎，南宋绍熙元年（1190），丁内艰挂冠致仕。经苍岩，爱其山水崔嵬，宝溪匝绕，莲峰翠然，遂置地筑“逸老堂”而居，是为斯地始迁之祖。

清咸丰十一年（1861），太平军攻浙，于八、十、十一月间，三次进攻嵊苍岩。大宗祠、敬始祠遭兵燹大部被毁，大宗祠仅前厅幸免于难。劫后俞氏族人公议，予以修葺；清同治四年（1865），动工增设后进房屋；至清同治十年（1871），宗祠方始竣工；其时共筑四进，前后历时七载。

大宗祠总建筑结构，共为四进。其中第一进为大门三楹平房，楮棁雕绘，颇精古制，门外上悬挂“俞氏家庙”匾额，门内上悬挂嵊县知事徐匡所题“剡南第一族”匾额。第二进，构筑戏台一座，造型优美，雕刻精致；左右两侧为二层厢楼，厢楼与戏台后面贯通，以二架短梯连接，二梯之间巧设一乐队演奏用房。第三进，为大厅三楹平房，正中上悬挂“崇本堂”匾额，旁悬挂“剡南第一家”、“渚浪科甲”、“敦伦睦族”等匾额多块。苍岩盛产优质原石，建筑就地取材，大厅石柱直径须两成人围抱，二丈余之石板铺设地面，光洁可鉴。第四进为正厅三楹楼房，中堂上悬挂“寝成孔安”匾额，下置神龛多座，安放历代先祖及恢复宗祠祔祭诸公灵位，西首客厅为宗亲会聚场所，楼上设置栗主奉祀神龛。清光绪三十四年（1908），大宗祠设立苍岩学堂。抗日战争时期，嵊县下王镇实业家俞丹屏曾借用大宗祠改作缫丝工厂，历时5年。

由于年代久远，管理维修未及，大宗祠建筑蛀蚀严重，多数房舍岌岌可危。至1985年2月，由政府主管部门批准，拆除宗祠危房，改建为面积740平方米教学楼一幢。现虽尚存原第三进悬挂诸匾之大厅，但已难觅大宗祠当年之全貌。2019年6月，苍岩俞氏族裔研商大宗祠修复事宜，成立宗祠整治工作筹备组织，由嵊州市甘霖镇政府有关部门立项，下岙村俞孝军先生参与，将投资工程款项人民币500万元，对大宗祠作全面整治，力争恢复大宗祠之原貌。（俞相良）

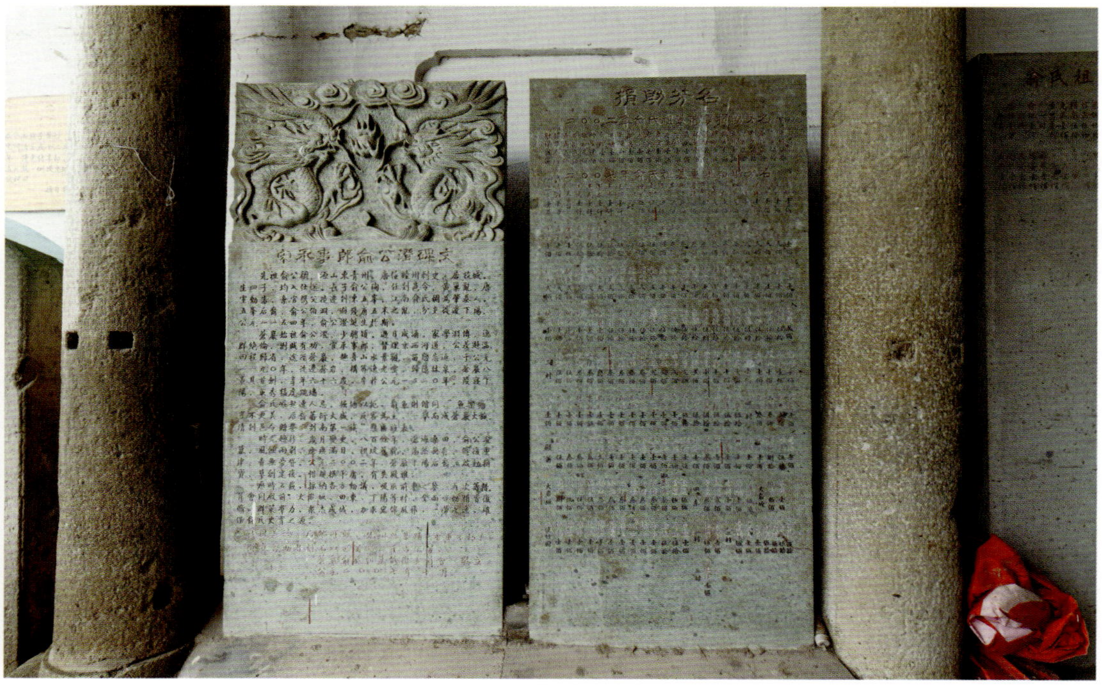

福

嵊州甘霖俞家砩村

俞氏宗祠　崇本堂

俞希线（字谷华，庄公位下第十八世祖）于南宋淳熙十六年（1189），自剡东五峰新邑白竹徙居本邑俞家砩村（今属浙江嵊州市甘霖镇），是为本支之始迁祖。其后生齿日蕃，支派繁昌，现已衍至第四十六世，人口约为500余人，本村常住居民现有206户，其中俞姓约占七成。

剡溪俞家砩俞氏宗祠“崇本堂”创建于清乾隆二十六年（1761），祠有门廊、享堂、寝堂、戏台等建筑，整栋建筑共用石柱六十四根，柱上镌刻有楹联十八副，如“青社托基高共仰五峰超独秀；瀛洲发脉远咸夸河涧溢桃源”“两朝廿进士；四代二平章”等。这些楹联不但追溯了本支派源远流长的世系，而且展现了簪缨世家的辉煌，实为本族传世之瑰宝。

崇本堂自建成后，期间曾有过多次修缮，特别是道光十四年（1834）和光绪十一年（1885）进行的两次大规模整修，使该祠虽历经岁月的洗礼，仍能巍然屹立。但其后因受诸多因素影响失于维护，2010年，该祠已破败不堪，势将倾圮。目睹此况，时任俞家砩村主任的五峰俞氏四十二世裔孙俞正超深感不安，为追惟祖业，克念厥绍，毅然发起修祠倡议，得到五峰俞氏四十三世裔孙俞杭军等本族贤良以及其他爱心人士的积极响应，并于 2010 年 3 月组织重修，采用就地取材、本村用工之方案，边摸索边修理，推倒老墙重建墙体，矫正石柱，修复栋梁，更换檩条，添加陶瓦等，历时二年竣工，共耗资 28 万元。

2016 年 11 月，后裔又对崇本堂创建人之一，本支派第三十五世祖国柄公墓茔，修整立碑。2018 年 12 月，为岁时祭祀之便，于祠内添置了石制供桌、香炉等，并将正门及寝堂的梁柱新配护梁雕花牛腿四副。（俞正江）

嵊州下王乌坑村

俞氏宗祠　敦本堂

乌坑位于四明山主峰北侧，清溪和十八都江之源头处，原属剡东游谢乡，现行政辖区为嵊州市下王镇清溪村，东接余姚，南望奉化，西距市区36公里，北邻上虞。该村现有俞姓家庭228户，720多人。该村分布总面积约9.42平方公里，水田面积665亩，旱地面积175亩，山林面积13000多亩。该村先后获得嵊州市“五好”基层党组织，嵊州市“卫生村”和绍兴市“森林休闲旅游特色村”等荣誉称号。

剡东俞氏出自青州庄公第十一世孙俞文应。北宋淳化年间（990—994），公自剡溪五峰而至游谢之乌坑，见山灵水秀，遂作室而居，是为“剡东清溪派”始基之祖。配裘氏孺人。以一脉之流，传为百世之本，溯则分支，上虞、百官、崧厦、余姚、慈溪诸派，皆其后裔也。清溪俞氏鼎立三房，其中长房天福公，为乌坑之本支，而大溪、上桥、中桥、新屋、旧屋、花屋、郑家墺、东张等为支派。

剡东乌坑俞氏宗祠敦本堂，为清溪村俞姓族人奉祀历代先祖灵位场所，亦为族内议事、祭祀重要活动之场所，乃俞氏历代后裔慎终追远之精神寄托家园。该祠始建于清雍正年间（1723—1735），距今已有近三百年历史。宗祠建筑结构，由大门、大殿、厢房、廊庑、戏台、天井等一体组成。正厅上悬挂“敦本堂”匾额，立柱楹联为清策授挂印总兵官四明山寨剿御山海都督姜君献将军所题，左撰“涟漪如挹婉容薄搴苹藻”，右撰“林臬尽经遗镯尚陟几筵”。

清道光八年（1828），俞氏族裔曾对宗祠予以修缮；1973 年，又予以重修；2014 年，又予以大修。至目前建筑主体虽仍保存完好，但局部结构已产生蚁蛀、剥落、松动等状况。（俞士达）

嵊州下王前岗村

俞氏祠堂　永世堂

泉岗村（现称前岗）位于嵊州市东北部，西接樟家田村，东邻上虞区，北靠余姚市，南面群山怀抱，村北覆卮山，海拔861.3米，早在1700多年前，东晋“山水诗鼻祖”谢灵运曾多次来此赏景、饮酒、赋诗，某日酒罢覆卮（古代盛酒器皿）岩上，故称覆卮山。一条清白线公路（嵊州清风桥至上虞白龙潭）穿村而过，连接上虞、宁波，交通便捷。

泉岗村山清水秀，泉水叮咚，终年云雾缭绕，产茶条件得天独厚。中国十大名茶之一“辉白茶”因村而得名，村因茶而盛名。全村建筑依山而建，层层叠叠，错落有致。村内保留了大量古建筑，大片的白墙灰瓦，一派古朴风情，犹如一幅在大山中的水墨画，吸引大批游客至此，品读泉岗古村与辉白茶深厚的历史文化积淀。

泉岗俞氏永世堂宗祠坐落于泉岗村东北，始建于清乾隆四十六年（1781），由五峰三十九世祖耕山公（讳永孝，号耕山，贡生）创议建成，距今已230余年。宗祠坐北朝南，由

侧门、戏台、天井、中堂等组成，其堂号曰“永世”（原堂号为“永思”，修缮时根据村中老年人记忆，误为“永世”，后发现时匾额已制作完成，且“永世”二字其义也佳，故将错就错）。据谱载，清道光元年（1821）耕山公孙滋圃公（讳迎圻，字兰芳，号滋圃）筹款重建，在宗祠即将完工之际，滋圃公忽逝，由其子宝庭公承父志而修成，族中立“追孝”匾以嘉其志。经历有年，宗祠之栋梁有朽腐，瓦片有破碎，墙体有损坏，大殿破损严重，如不抢修，有倾覆之危。族人相谋，遂于 2017 年 10 月组织重修，修缮资金 300 余万元，均由发样、缪苏兰、服灿捐助，慷慨壮举，芳名永志。真祥、芳华、才章、宪章、健章、顺程、奉江等人精心策划，统筹安排，组织实施，全赖族人齐心协力，各尽所能，历时一年多方始建成。正所谓“念祖德宗功，作前述后，堂构维新，告无罪于先人，敢云美轮美奂；幸子孝孙贤，趋事赴公，箕裘克绍，永有垂于奕叶，自尔寖炽寖昌”也。（俞芳华）

三门海游悬渚村

俞公家庙　永思堂

悬渚俞公家庙，其堂号曰“永思堂”，位于三门县悬渚村东南地，创建于清康熙八年（1669），为浙江省重点文物保护单位，主祀五峰俞氏二十二世祖仲庸公。民国八年（1919）《悬渚俞氏合修宗谱》之《俞氏重修宗谱序》曰：“悬渚何为而名也？其地东面环山，南西北近水，围绕数里，波流潆洄，朝宗其间，上有沙渚，望之若悬崖然，故名曰‘悬渚’。”俞氏先世讳稠府君避黄巢乱，由青州徙居于新昌之五峰，其后裔仲广、仲庄二公由新昌转徙于宁南之悬渚广兴庄，迁悬渚之屿山，是为外俞之始祖；仲庸迁悬渚之广园，即为里俞之始祖。

悬渚俞公家庙是由正厅、厢房、戏台等组成的比较完整的古建筑，其建筑之恢宏，斗拱之精美，楹联之彩灿，无不透露着厚重的古朴气息，散发出古老的风味。大门额匾原题“唐刺史俞公家庙”，今作“俞公家庙”。大门原有柱联曰：“发源由剡邑；溯本自青州。”正厅前柱中联曰：“四公并耀；十友齐芳。”前柱旁联曰：“文章华国；诗礼传家。”栋柱联一曰：“规天矩地聚淑气于华堂肇开累世簪缨喜值上元甲子；绍祖承宗迎英灵于美奂叠起当年敕诰恰逢年岁春晖。”栋柱联一曰：“簪缨甲东剡渊源溯自青州瞻兹寝庙维新千百代尊祖敬宗之大义；阀阅冠南明基业兆天唐室对此尊彝载肃仰亿万年诒孙燕子之宏模。”此外，正厅中尚有“孔惠孔时肃肃雍雍严对越；我将我享洋洋赫赫赉思成”“奏格无言俎豆壶觞昭物彩；奉先思孝载羹黍稷荐馨香”“一水交流秀毓鱼龙变化；五峰耸翠灵锤虎豹文章”“流水当前雪惊暖浪渔烧尾；高山在望雾锁苍林豹养文”“派分青剡远渊源双涧千秋并沛，祚衍越台隆誉望五峰百异同宗”；“留一点心田百世儿孙耕不尽，绵万年血食四时祖考享无疆”等柱联十余幅。（俞见达）

宁海深甽马岙村

唐刺史俞公家庙 永思堂

马岙村地处现宁波市宁海县境内，古称“马坡”，西界接壤新昌县境，南毗邻本邑黄坛双峰。五代后周显德四年（957），第九世，俞氏先祖仁厚公（905—973），自越州剡县迁居斯地，其后裔迅速繁衍成族。斯地如今 800 多户家庭，绝大多数均属俞姓。该村青山连绵，密林修竹，青山绿水，透显飘逸仙气。现有森林面积 35000 余亩，生态林面积 28000 亩，耕地面积 1800 亩，人口 2807 人。20 世纪 50 年代，时任国务院总理周恩来曾亲笔签字，嘉奖其村植树造林先进事迹。

马岙俞氏先祖历史辉煌，文物古迹保存完整，现村内尚存“唐刺史俞公家庙”“俞氏天禄院”“俞氏小宗祠”“俞氏义祠”四座古建筑，珍藏世所罕见宋代泥金钞书《俞氏家谱》一册。2016 年该村被列入宁波市级历史文化名村；2017 年，又被列入浙江省级传统文化村落。

马岙俞氏大宗祠堂号曰“永思”，始建于明万历八年（1580），原为家庙，奉祀历代先祖。族尊青州庄公为始祖，第六世唐睦州刺史俞稠为青州徙浙之祖。清顺治五年（1648），因新昌人俞抒素领导的“白头翁”反清复明起义部队三千余人屯住马岙，清廷派兵镇压，该祠亦被清军烧毁。清康熙十九年（1680），俞氏族人又于原址重建。清宣统二年（1910），宗祠又遭火灾。翌年，由民承俞公首事，集众族裔捐资重建，遂复古色古香宗祠原貌。

宗祠自南向北依次为照壁、仪门、戏台、天井、左右两厢、正厅。正门上挂“唐刺史俞公家庙”匾额。两旁楹联曰：“发源由剡邑；溯本自青州。”门外两侧有青石狮一对，形态逼真，栩栩如生，气势威武。仪门面阔五间，门上绘有彩色门神。东西厢房各七间，梁柱间雕满凤穿牡丹、松鼠偷葡萄等图案，楼上均有木栏，栏杆上嵌有棂星盘，刻有戏联：“逸事放当年，乐奏升平，岁歌大有；闲情消永昼，花簪妇女，竹马儿童。”戏台为四柱重檐歇山顶，无脊饰，瓦面有瓦神，四周飞檐直刺青天，显得古朴灵动，角脊饰卷草雕件，纤丽中见庄重，台面呈正方形，面阔 4.5 米，进深 4.9 米，台面离地 1.5 米，四周绕以低栏，由木构成回字形图案，并镶以戏曲《白蛇传》《桃园结义》等图板多块，后有 4 扇屏风。戏台藻井是整座戏台的精华，造型独特，藻井异形拱昂组合成螺旋型，用 16 条重昂旋涡，每条以 13 个假昂组成，底部设一龙首，昂和龙首共 224 只，龙首与每一假昂雕有一蝉，龙首之下雕一狮代替小座，层层叠叠，错落有序，结构巧妙，甚是精湛。戏台前柱古代人物雕刻，雕工精湛，栩栩如生。

正屋大堂三间，为硬山顶，屋顶塑有吻兽、人物。梁架为抬梁穿斗式，梁为月弯式，雕以人物图案。柱均为圆形，柱础圆鼓式，走廊上有卷棚四道，廊柱上装有木雕倒挂龙、狮、母子鹿等，凿空玲珑，工艺精巧。大殿与天井三级台阶，意为连升三级。正中高挂圣旨牌，牌下悬挂“永思堂”“殿中执法”“源洁流长”等匾。正堂楹联大都在“文革”时被毁，现仅存“留一点心田百世儿孙耕不尽；绵万年血食四时祖考享无疆”一副。整座宗祠木构件均漆成彩色，金壁辉煌，檐下斗拱相叠，梁枋雕刻彩绘精美绝伦，花板错落有致，梁枋上通体彩绘以回纹分隔戏曲人物故事、吉祥图案，栩栩如生，画工流畅朴实，技艺高超，雕刻、彩绘浑然一体，充分体现当时工匠高超的工艺水平和建筑设计成就。

马岙村大宗祠是宁海县目前气势最雄伟、保存最完整的宗祠，宗祠内古戏台为宁海县十大古戏台之一。2003 年 2 月，该祠被列入宁海县文物保护单位，2006 年 5 月被国务院命名为全国重点文物保护单位。（俞法军）

宁海深甽马岙村

俞氏天禄院

马岙村俞公家庙天禄院，奉祀五峰俞氏第十一世祖文林公。据乾隆三十二年（1767）《重修天禄院序》载：“此地古名普化坛，自中叶有都御史俞降灵显圣，爰是先人卜地，栖神于此。曾建三层殿阁，匾名‘天禄院’，由来久矣。第世远年湮，殿宇毁坏，神像崩颓，而此亦已沦亡。至丙戌秋，忽焉显圣，批词叠谕，某

等为首事，重修殿宇，以免神像吞风饮雨，一以俾海内有志肄业者，均可乐育于斯。”据清同治五年（1866）《马坡俞氏宗谱》记载，文林公，字克进，行舍十一，伯源公子。生于北宋建隆元年（960）十月十八日，仕北宋修撰，配郭氏，生四子。卒于宋天圣九年（1031）十一月二十六日，享年七十二。

据民国三十六年（1947）《马坡俞氏宗谱》记载，天禄院正屋大五架三间，神像奉其中，坐北朝南，两厢各五间。至清嘉庆十年（1805）东厢失火毁坏。今复建。又有上坛小正屋三间，两厢各一间。天禄院，2008 年拓址重建，正屋重檐歇山顶大殿三间，前厅三间，两厢各五间，大殿东侧阁楼一座。院外西首二层楼房五间，碑廊一座，计三间。（俞尚林　俞法军）

宁海深甽马岙村

俞氏小宗祠　仁德堂

宁海马岙村俞氏小宗祠仁德堂，是该村三座古建筑之一，据民国三十六年（1947）《马坡俞氏宗谱》记载，原坐落于该村的岩头里路下，后迁建于桥棚宅。祖堂正屋三间，两厢房各七间，前厅三间有戏台。至于祭祀祖公没有记载。

据宁海县人民政府2018年1月公布并挂牌介绍，该祠始建于明代，重建于清代，属宁海县历史建筑。（俞尚林）

25

宁海深甽马岙村

义祠　孝友堂

马岙村俞氏义祠孝友堂，是为纪念受方孝孺案牵连的马岙先祖俞尹璋及婢女而建。祖堂正屋三间，坐北朝南，两厢各七间，厅屋五间，门首石云鼓一对，堂名“孝友”，匾名“义祠”，又有“翊忠就义”之匾。

历史上，方孝孺被明永乐皇帝朱棣“诛十族”，是最惨烈的灭门事件，共死难八百七十多人。马岙俞氏同方孝孺有媾之谊，相交甚笃。且马岙乡绅俞尹彬曾拜学于方孝孺，故俞尹彬也在杀身之列。俞尹彬长兄俞尹璋爱弟心切，遂冒死为弟代罪。当时，俞尹璋与妻子李氏育有两子。为救夫人与两位公子，李氏的随嫁婢女挺身而出，与俞尹璋假扮夫妇，代正妻李氏受难。尹璋和家婢两人逮赴京师。闻诏阖门遣戍，尹璋曰：“奈何全一身而累我后人哉！我得与方先生游于地下，吾愿足矣。”与家婢仰药燕邸。消息传到马岙，全家闻之大为悲痛。其三个弟弟及两个儿子前往京师收尸招魂。奔丧归经杭州，已时八月十五中秋佳节，四弟俞尹升见家家笙歌，户户团圆，想想自己家破人亡，嚎啕大哭，加之旅途劳累，顿时气绝身亡，年仅二十七岁。三口棺材抬到村中，尹璋妻李氏迎诸途，悲恸之情，难以言表，一时气绝身亡。一门四棺，四条人命，人无不垂泪。

明宣德初，俞尹璋的两个儿子、弟弟、侄子在俞尹璋墓旁建庵守墓，庵名“贞清”。明隆庆三年（1569），奉旨将“贞清庵”改建“义祠”。清乾隆十四年（1749），因义祠年久失修，将义祠迁至村中。民国二十八年（1939）又重建，即今貌。婢女则被后人尊为“义太婆”，葬俞尹璋墓旁。

明万历年间（1573—1620），方孝孺案昭雪。

为纪念俞尹璋和义太婆之义举，邵景尧受诏撰写《尹璋府君义祠碑记》，为俞尹璋树碑立传，同时也立了一块《义太婆碑记》。尹璋在世时，孝于父母，友于兄弟，之后为兄弟慷慨赴死。因此，族人将义祠称为“孝友堂”。在义祠的正厅镌有一副对联：“抵算他方门十族；却保我母弟三人。”表达了马岙人对俞尹璋与义太婆的感佩之情。（俞尚林　俞法军）

天台石梁中央董村

俞氏宗祠

中央董村俞氏宗祠位于天台县石梁镇中央董村内，该祠重建于1958年，奉祀五峰俞氏三十八世祖兆进公（由宁海马岙分迁爹岭头，再迁徙到中央董村）。

石梁镇中央董村离大同寺两公里，村庄前临龙潭坑，北靠大月山，东有宁海界碑，横路坑山，水汇聚处，西有连接新昌的西月坑，溪流环顾。有一条通向新昌的古道“西月岭”，因位于大月山西边而得名。此为台州与绍兴的分界处，杂草丛中立有石碑，是台州与绍兴的四号界碑，于1997年埋设。（俞焕苗）

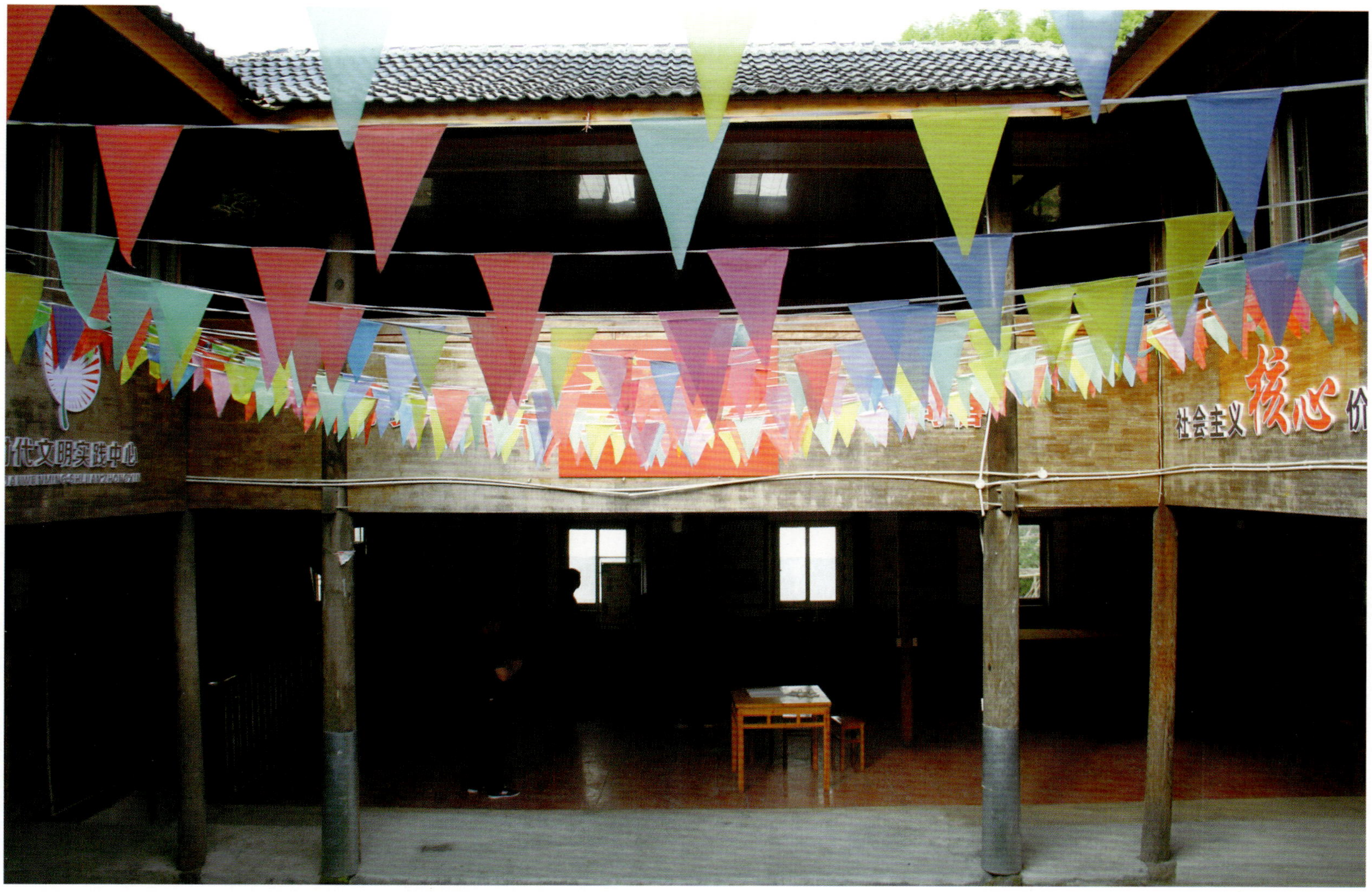

俞氏宗祠

福随德至

文化禮堂
中三村
文化礼堂
俞氏宗祠
开放时间
8:00-17:00

镇海三山俞家村

俞氏宗祠　永思堂

北仑区春晓街道凤山村俞家，原属镇海县三山乡。据宁波市天一阁藏民国二十二年（1933）五修版《镇海三山俞氏永思堂宗谱》所载，该族俞氏尊唐时山东青州庄公为始祖，传五世，皆登进士，世称青州派。

南宋时，剡溪派支祖俞珣之长孙俞仁厚（第九世），自剡县徙居宁海马岙，为马岙派之始迁祖。其后裔俞宗可（第十八世），字兴言，仕山东兖州刺史及浙江嘉兴知县，致仕后徙居庆元府（即明州），其子俞道山（第十九世），遂定居于镇海县蛟川。俞道山之子俞泰之（第二十世）自蛟川迁居于本邑大碶乡石湫村。俞泰之生七子（第二十一世）：彦荣、彦华、彦亨、彦良、彦庄、彦斌、彦质，次子俞彦华自本邑大碶乡石湫村析分，迁居于本邑三山乡新盐场俞家村，为三山俞氏始迁祖。俞彦华之子俞敏德（第二十二世），为明洪武（1368—1398）间著名孝子。其父入京候铨，中途得病，卒于高邮，其母不久亦逝世于家。公勤奋好学，虽进士及第，因丁忧尽孝，且淡泊名利。虽蒙征召，却坚辞未赴，明太祖敬其至孝，钦赐“旌孝”匾额以示表彰（原匾已毁，现匾系重修宗祠时复制）。葬考妣于本邑三山乡竹所湾，以尽孝思，遂将墓庐铭曰“永思”。族裔建立宗祠时，亦袭以“永思”二字题额，为三山俞氏宗祠堂名。

三山俞氏永思堂宗祠始建于清同治九年（1870），族人学诗公鸠工庀材，筹资选地，废寝忘食，劳累过度，不幸病卒，其长子实铭公继承父志，至光绪六年（1880）方予竣工。该祠创建至今，亦有130多年历史，其间历经风雨沧桑，渐至破败。2006年，族人再次集资，将本祠修缮。本祠建筑为前后二进五楹平屋，二进之间庭院间距宽敞。后进平屋正门上方，悬挂相传为明太祖钦赐红底金字“旌孝”匾额。正屋内横梁正中，上悬宗祠黑底金字“永思堂”匾额。在此处祠堂东面，另有一处相传已有600余年的永思堂原址，为全木结构，单排五开间平房，东首被拆掉半间，中堂门口挂着“永思堂”匾额，正厅内供奉着列代祖宗栗主。（俞立奇）

镇海大碶俞王村

俞氏宗祠　永盛堂

俞王村俞氏宗祠永盛堂，位于宁波市北仑区大碶街道俞王村。俞王村俞氏尊山东青州青社庄公为始祖，庄公后裔第十八世宗可公，字兴言，在南宋时任浙江嘉兴知县，其后裔十九世道山公定居庆元府（即宁波）镇海蛟川，其子泰之公第六子彦斌公从镇海蛟川迁居到镇海大碶灵岩山旁的石湫稻场，即现在的北仑区大碶街道俞王村，家谱上称本支俞氏为镇海蛟川俞氏。

据祠内的《俞氏碑记》记述，永盛堂始建于清乾隆四十四年（1779），由本宗十一世长孙有盛公为首建造，规模初就。又据《重建永盛堂记》手抄本所述，宗祠于清光绪二十九年（1903），由宗长知定公发起重建，于光绪三十一年（1905）秋竣工。次年（1906）由春祥君发起再次扩建，在祠东新建庙屋，耗资4000余元，规模宏伟，气象一新。

中华人民共和国成立后，宗祠内开办了俞王小学。小学易址重建后，部分建筑又作了五金厂厂房，后因年久失修，部分建筑倒塌。通过族人俞定召的努力，在资金短缺的情况下，由村民集资和政府拨款，于2017年8月破土动工，至2018年1月1日竣工，在旧址上重建起俞王村村民活动中心。占地800多平方米，建筑面积600多平方米。并妥善保护了清乾隆年间和光绪年间的前记、后记两块碑记。《前记》碑为青石材质，高142厘米，宽82厘米，厚15厘米，碑文楷体。《后记》碑为红砂石材质，高230厘米，宽110厘米，厚11厘米，正文行楷，分别记述了俞王俞氏两次建造宗祠的经过。（俞正多　俞立奇）

象山定塘新岙村

俞氏宗祠　十友堂

象山定塘新岙俞氏宗祠十友堂位于浙江象山县定塘镇新岙村内，始建于清道光二十四年（1844），总建筑占地面积约600余平方米。宗祠坐西朝东，硬山造，穿斗式与抬梁式相结合，砖木混合结构；正面三开间大门，左右两扇侧门；山门座楼上设厢房，座楼中置戏台并与正殿间有穿堂相连；左右天井，两边厢楼；正殿五开间，居中间上悬挂“十友堂”匾额，立柱遍挂楹联，内设俞氏历代先祖牌位。宗祠背靠灵峰，南倚乌岩，北通虎岭，东眺凤凰诸胜，真可谓龙蟠虎踞之脉，地杰人灵之象，山水人文之胜也。

据清光绪三十一年（1905）《新岙俞氏宗谱》记载，本宗“新昌五峰俞氏”承休公之子，九世祖仁厚公因爱宁海马岙山水灵秀，遂于五代后周显德四年（957），徙居于斯地，是为宁邑始祖。至元末明初时，其后裔二十五世祖谷玭公任台州府千户，因方国珍乱累，而被议处补军。时其侄二十六世祖德谦公以身代伯，军于象山石浦所。至明洪武三年（1370），德谦公役满后未返马岙，留居于斯地，将其卜居之地名曰“新岙”，以示不忘祖源新昌马岙根本之所出。

明清两朝，新岙依山傍海，几无良田可耕，历经数代先辈辛勤劳作，筑海围塘，垦涂渔盐。自康熙至光绪间，累筑以成新岙塘和外塘，方取得良田千顷，福祉于子孙后代。族人由是从村东迁至村西，筑宅而居，繁衍生息，遂成俞姓后裔聚居之福地。事至于今，历时650余年，先贤辈出，被誉为“丹南望族”（象山县邑曰丹城）。

中华人民共和国成立后，曾将宗祠作为乡政府驻地；人民公社时期，又将其作为仓库使用。改革开放后，又将宗祠改为村民文化娱乐活动场所。然宗祠历经160余年，岁月留痕，风侵雨蚀，屋漏墙颓，虫蛀鸟宿，损毁严重。2012年正月，经族人共议，拟将宗祠在原址恢复重建。一人首呼，众声相应，人不分男女，姓不问俞否，皆慷慨解囊，得资230余万。越一年竣工，宗祠旧貌依然，结构古朴典雅，实为建筑工程之杰作。新岙村现有人口490户，总人口1600余人，其中俞姓占人口比例80%以上，总姓氏为27个，别姓基本与俞姓互为姻亲关系。宗祠原为俞氏族人祭祀先祖之地，及举行宗族重要事务活动之场所，但现已顺应历史潮流，而改为村“文化礼堂”，成为群众文化活动的主要场所。（俞官郎　俞忠慰）

象山墙头洋北村

俞氏宗祠

洋北村，位于象山县西十里之地，古称“羊巴”，现行政隶属墙头镇。该村三面环山，一面滨海，全境犹似一幅水墨山水画卷。东倚射箭山，绵延脊梁；南界黄溪山，绿水长流；北靠狮子峰，青翠独秀；西滨西沪港，碧海波涛。家居翠烟里，涛声到枕边，农耕渔牧，诗书持家，新架长虹越村过，再辟新篇谱华章。

据《象山昌国卫俞氏十友堂宗谱》载，马岙本支传至二十三世祖直学公（行表五）时，复迁居于象山县羊巴村，遂为本宗洋北发祥之祖。

象山洋北俞氏宗祠位于现洋北本村之西，西沪港畔，坐南朝北。祠建于清乾隆六年（1741），后因兵燹被毁。清嘉庆初，族长达甫公率众重建，竣于嘉庆十六年（1811）。清道光二十九年（1849），复邀能工巧匠对宗祠予以修缮。主建筑为前厅七间，正厅七间，东西厢房各三间，天井设有戏台一座。

1952 年，宗祠改为人民公社农业生产队仓库和碾米厂。后宗祠建筑被损，面目全非，破败不堪。2006 年，本族宗人集议重修宗祠，共集资 14 万元，将宗祠修缮一新。（俞良绪　俞伟成）

绍兴稽东俞谢骆村

俞氏宗祠　孝思堂

孝思堂位于绍兴市柯桥区稽东镇俞谢骆村俞村自然村内，该村处于绍兴市南部会稽山脉地区，距离市区约35公里。该祠始建于清同治十年（1871），由该族第十六世祖维椿公创议，由族人共同捐资建成，至今已历140多年。宗祠内奉祀始祖明义公以下列祖列宗之栗主。同时，宗祠又为处理氏族重要议事、聆听祖传家训族规、供后世子孙敬仰之重要场所。宗祠总建筑面积约为500平方米，正厅平房三间，需拾级而上。厅前两株古柏巍然挺立；间隔一天井，两棵紫薇花期百日不凋；照厅楼房三间，左右两侧厢房。

民国二年（1913）春，俞氏佐勋（正治）公、思昭公及乃普先生，适应时代潮流，倡办学堂，遂以宗祠厢房改作校舍。20世纪70年代，宗祠又改作茶叶加工厂，将其照厅三间、左右两侧厢房，全部拆除，仅存正厅三间。

2009年冬，俞氏宗族启动第

四次续修宗谱时，决定重新修缮俞氏宗祠，恢复正厅三间原貌。经修缮恢复后，现该祠被列为“绍兴县级文物保护点”，并予立碑。

2014 年春，俞氏第二十世孙俞光海、俞光宇等，提议恢复祠堂原建筑照厅三间及左右两侧厢房。俞氏众宗亲积极响应，遂决定再次对宗祠综合整治，清理水沟淤泥，对屋顶增椽加瓦，内墙粉饰装修，廊柱门窗油漆，重制匾额楹联，安装照明设备。在大门及内厅分别悬挂“俞氏宗祠”、“孝思堂”金字匾额。内厅正中，摆放汉白玉始祖明义公雕像一尊。2015 年 12 月，宗祠修葺竣工，庙显庄严肃穆，庭貌焕然一新。为褒奖重修宗祠功德昭昭者，将其功绩芳名勒碑存照。（俞国范　俞华秀）

上虞上浦董家山村

俞氏宗祠　承贤堂

承贤堂位于上虞上浦镇董家山村右牛山之麓，坐东朝西，面向曹娥江，气宇恢宏。

据祠碑记载，清乾隆二年（1737），始祖朝岳公从嵊县前岗徙居须宅后，再迁徙至董家山定居，经累世繁衍生息，遂至家业兴起。至同治十一年（1872），由族长嘉祥公、房长嘉福公、载歌公发起并率族裔建造宗祠，越冬宗祠告竣。依取太公子贤名，故名曰“承贤堂”。

宗祠自建成后140多年间，历经沧桑，或为学校，或为茶场，或为厂房，濒临倾塌。2012年春，由族长辈春荣发起，众俞氏子孙着力捐募资金30万元修缮宗祠，是年末告竣。修缮后的承贤堂正殿由原三间扩为五间，左右回廊环绕，增设厢房、山门，前庭宽绰，植绿为荫，蔚为庄严。原三间正殿内供奉始祖朝岳公及以下列祖列宗神位，二侧壁间挂列族规、族训、族约，用以告诫子孙不忘祖德，慎终追远。柱间有长联曰：“东山兀峙剡溪长流发迹自五峰绵延勿替迪前先；孝子承先贤孙继后本支传三脉萦回转辗聚此族。”

董家山村依山傍水，风景秀丽。近年来随着东山风景旅游开发的兴起，作为东山门户的董家山村也随之兴旺起来。2014 年出资修缮了村里保留至今的八大老台门，新建了戏台等仿古建筑群，让古村又焕发出了勃勃的生机。（俞伟雄　俞伟国）

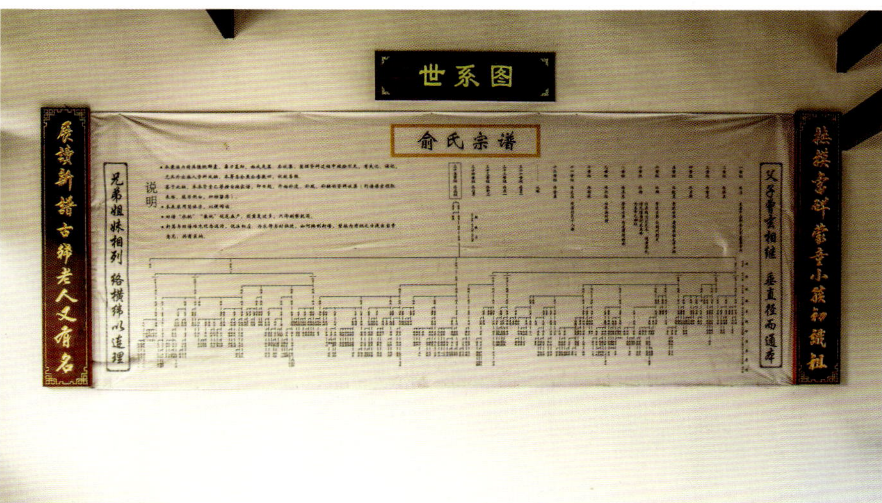

余姚姚江古将坛

俞五峰祠　维则堂

姚江古将坛俞五峰祠维则堂位于现余姚市阳明街道智慧桥以北，健康路以西。

余姚姚江古将坛俞氏，据《姚江古将坛俞氏维则堂宗谱》（始修于明嘉靖二十八年，1549）记载，始祖溯源青州益都，派衍越州剡溪五峰，俞光泽为迁姚江古将坛之祖。其族直传世系为：第一世俞庄→第二世俞祥正→第三世俞智元→第四世俞彦晖→第五世俞致昱→第六世俞稠→第七世俞珣→第八世俞承志→第九世俞仁裕→第十世俞伯深→第十一世俞文兴→第十二世俞全秘→第十三世俞俑→第十四世俞天与→第十五世俞政→第十六世俞叙→第十七世俞枢→第十八世俞希颜→第十九世俞日美→第二十世俞光泽。俞光泽为日美公长子，字伯仁，号龙山，行开三，又行关三，生于南宋淳祐三年（1243）六月十一日，卒于元至元三年（1337）八月十七日，享年九十有五。墓葬本邑胜归山大洋湾，敕封宣教郎，诰封大中大夫。

俞光泽自原籍新昌县静安坊西宅俞氏本宗析分出来后，先迁上虞县百官，后迁余姚县高田庙，复徙居于本邑城内龙泉山北古将坛旁。“姚江古将坛俞氏”繁衍至今，已传世二十五代，男女人口总数约达800余人。由于历史变革原因，其族现聚居于本邑城北永丰村，及现慈溪市横河镇梅湖村等地。

姚江古将坛俞氏先祖居于本邑城内古之将坛旁时，曾先立祠“五峰家庙”。至明嘉靖间，其族俞经（号守素，行辛四，1460—1523）舍本邑智慧桥北已宅，创建宗祠，旋遭回禄。族人俞国器（字充吾，行辛，1561—1631）追敛公银，鸠工庀材，重葺斯祠。迨明万历二十八年（1600），厅事尚虚，门楼未造；延至明万历四十七年（1619），方始草就，然规模未能轮奂。清初，俞闻夫（字时沾，号文斋，行二，1588—1668），独立建造五峰家庙大门。清康熙年间，俞嶙（字仲高、又字岳瞻，号嵩庵，行元，1628—1691）独立建造五峰家庙中厅，署“维则堂”额匾，1682年著《维则堂记》。后虽历经多次修膳，但格局基本维持原样。至20世纪初，为三进二院式砖木结构平房，四周围墙，坐北朝南。五开间前进外三踏步台阶，左右分立旗杆一对。三开间中厅，正中间，上悬“维则堂”匾额一块。东西厢庑各一间，后进为小屋三间。宗祠内楹联曰：“支分剡水，族聚姚江，五百载以来祖德崇隆，俎豆绵延乎奕世；学举鸿词，官迁太史，二十传而后孙贤显达，冠簪继续于累朝。”“苍姬绵世泽；青社肇家声。”“聚族于斯对峙龙山并钟秀；溯源伊始双流剡水又分支。”建筑面积约为800平方米，总占地为二亩一分五厘。

中华人民共和国成立后，维则堂被改作它用，且历经城市建设多次变革，此古建筑已荡然无存。（俞永健）

附：《维则堂记》

予家系出五峰，自龙山府君由剡邑至姚江，于今十有五世矣。溯再传为元善府君，生二子。凡吾同宗皆立夫府君所出，予本房则瑞夫府君之后也。宗分支衍，代有闻人。予四世祖诚斋府君、五世祖伯庵府君、六世祖菊牕府君，俱种德积学，未竟厥猷。迨北山公始登乡荐，学可公两中名魁。虽父子宦游，而传家清白。曾祖继可公蜚声黉序，大父充吾公九困棘闱，先君子初入府庠，继改新昌学，皆郁郁不得志。讫予小子，谬叨一第，皆祖宗深仁厚泽之所致，予敢忘所自哉！所奈遭逢不偶，有志未伸。独念宗祠之建，自辛四府君舍宅创造之后，旋遭回禄。吾大父充吾公追敛公银，鸠工重葺，但厅事尚虚，门楼未造。先君子于庚子岁（1660）捐造门楼，予小子虽有厅事之愿，惜寄托皆左。自己未岁（1679）粤东归里，始得草就，然规模未能轮奂，抱愧滋甚。昔学可公年最高，为宗长最久，凡宗祠条约出自亲裁，而宗人亦多懔畏，从未有曲直至公庭者。今此风几不可复睹矣，然笔墨尚存，其祀典、祭章犹世守勿替也。先君子以小子侥幸之后，清明祠祭独力供办者有年，继恐各房不得共展孝思，于是易为灯祭。上萃先世之欢心，下洽同宗之气谊，意甚善也。后亦渐失初规，多有未便，今将所助丁地之所入，改为元旦茶饼之资，使远近长幼均受祖宗之赐，此予小子变通之意也。但我宗积贮无多，而公事之待举者正未有量，源远流长，簪缨继美，则光大之业端，有藉于后人之有志者耳。予故述其梗概，而跂予望之。清康熙二十二年冬月朔第十二世孙嶙撰并书，第十四世孙、锡朋、谨录，第十六世孙言重录。

34

余姚大岚大俞村

俞氏宗祠 忠义堂

余姚市大岚镇大俞村地处四明山腹地，大俞山境内之四窗岩，上有四穴若开户牖，以通日月之光，故号“丹山赤水”“四明洞天”。四明山是浙东“唐诗之路”中的重要节点。整个大俞村翠竹掩径，层峦叠翠，奇岩危耸，清泉深潭，自然景观与人文景观完美结合，是现代城市人体验村居生活、尽享野外闲趣的好去处。

大俞村俞氏宗祠忠义堂，始建于清咸丰元年（1851）桂月，由门厅、戏台、正厅和两侧厢房组成，布局规整，风格简朴，总占地面积约400平方米。

大俞村俞氏徙自嵊州市乌坑上桥。五峰俞氏二十八世祖友信公被尊为大俞“远祖公”。友信公生有八子，其中四子留居乌坑，另四子显贵公、显寿公、显昂公、显盛公中，有兄弟二人，在大俞村旧谱中称为广东公和广禄公，他们翻山越岭，来到号称“四明之窗”的四窗岩大溪坑边，以烧炭营生。他们所带饭包挂在小溪边的香榧树、银杏树上，即使到了天寒地冻时节，那饭包也总是暖热如初。两人以此为生息福地，遂于明朝天顺年间（1457—1464）定居于此。广东公居上墙门，广禄公居下墙门，至今已历二十世。

中华人民共和国成立后，宗祠内办起了大俞村小学，两侧厢房成为教学用房。1970年暑期，村小另择新址搬迁，宗祠改成了大俞村茶厂。由于年久失修，损坏严重。2010年，村领导一方面争取余姚市文化局支持，

拨款文物重修经费 11 万元，另一方面发动全村 150 余户村民捐款共 38 万余元，总投入 70 余万元，开始了“忠义堂”的修缮工程，并于 2011 年 10 月顺利完成重修。

大俞村现有 150 余户、423 人，其中俞姓人口占 80% 以上。历史上，俞氏宗祠为大俞村村民所共用。清咸丰元年（1851）初建时，本村邓氏村民曾拥有一个厢房包间。2010 年开始重修时，以俞氏为主、其他各姓村民积极参与，全村户户捐款、人人出力，充分体现了“忠义堂”精忠报国、遵道秉义、开放包容的族风、村风。大俞村俞氏宗祠现为余姚市文物保护点、大岚镇爱国主义教育基地。（俞建文）

天台白鹤下俞村

俞氏堂屋

俞氏堂屋，始建于宋绍兴二十一年（1151）。新昌五峰十九世郡郁公携三子太方公来天台教授，后太方公隐居天台西乡杜家园下俞村（下俞洋），遂为俞氏下俞派之祖。

明景泰年间（1450—1457），俞氏二十九世文钦公仕承兵部侍郎、御史，文芳公居武职。时贼寇作乱，文芳公直入敌营，平乱有功。敕造“堂屋”一所，正厅面阔五间，两侧为厢房。前有直弹横道街，出入花门楼，门楼边有上马石、下马石。（俞德朝）

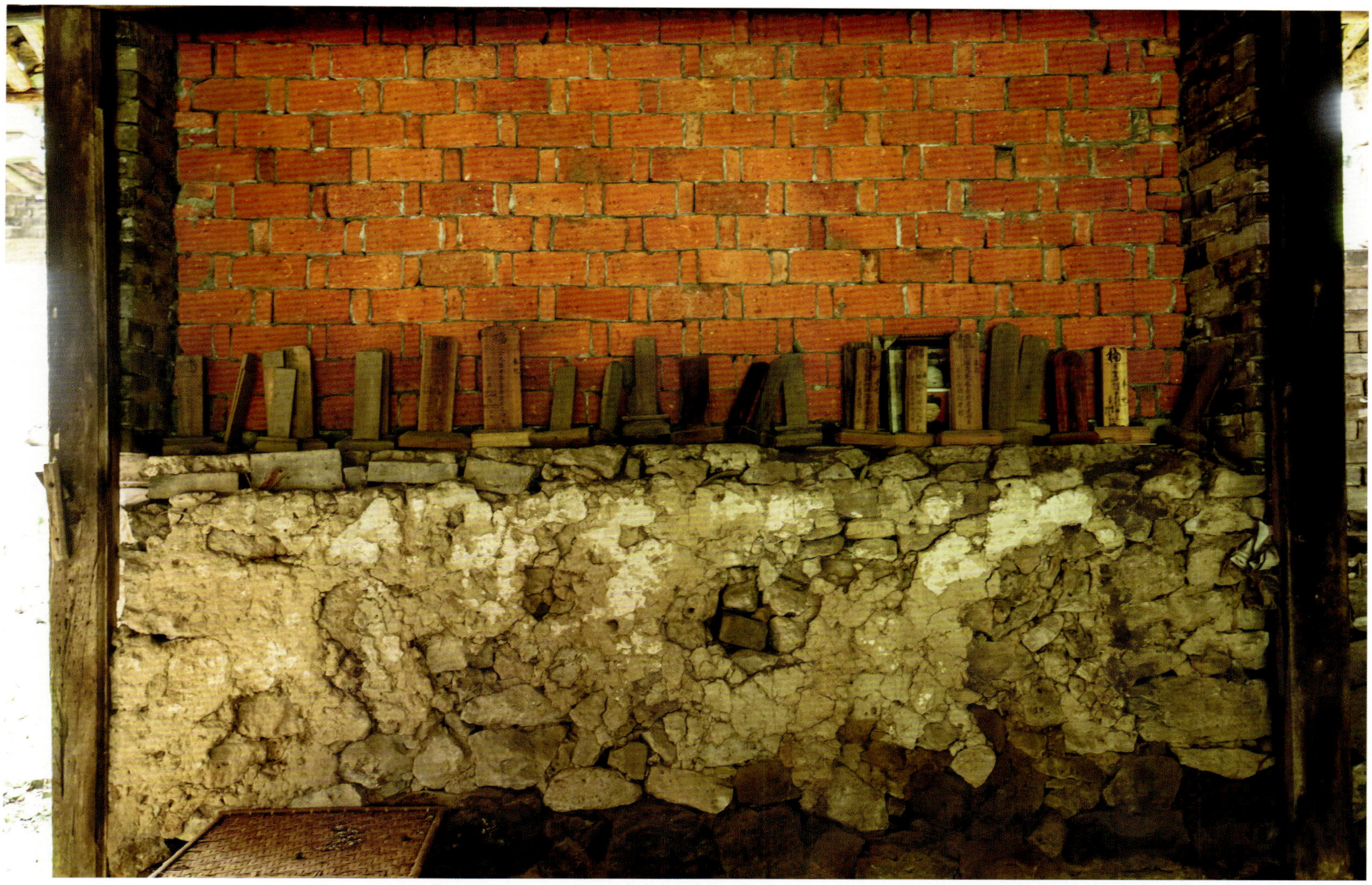

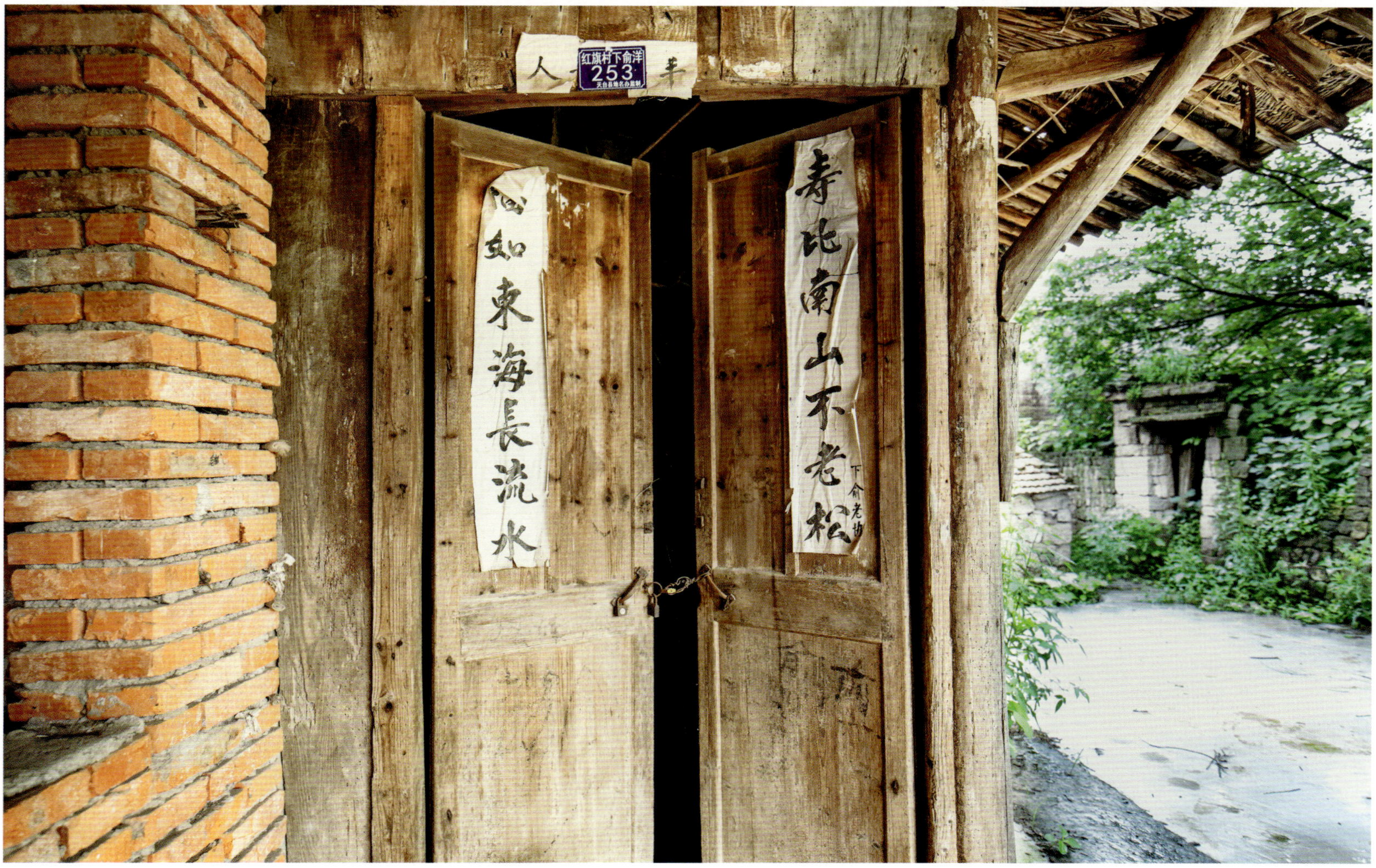
红旗村下俞洋
253
天台县地名办监制
寿比南山不老松
下俞老协

天台平桥枧头村

俞氏宗祠

天台白鹤下俞村俞氏堂屋，因过于宏大，“堪比殿堂”，建成不久即被人弹劾，故俞氏族人旋即将其改为住房。

清道光三年（1823）春，重建祠堂一所位于下俞上村枧头（今平桥镇枧头村），座西朝东，画栋雕檐，面阔三间，两侧厢房，堂中石柱，单人合抱，台梁基石保存完好。原有的门厅、戏台，现已被拆。2006年，俞氏后裔俞先乃带领族人加以修缮。（俞德朝）

天台街头燥坑村

俞氏宗祠　慎德堂

慎德堂位于天台县街头燥坑村。该宗祠始建于民国十七年（1928），1930年冬月落成。初称“家庙”，颜其堂曰“慎德”。

据《燥坑俞氏祠堂记》载，唐珣公下二十九世达聪公迁天台西乡三十六都渭溪，又四传至三十三世推公迁燥坑庄，又三传而分三派：长大东公迁新屋王，次大相公原住燥坑，三大四公迁前大路。（俞焕苗）

38

绍兴湖塘永联村

郭家山俞氏宗祠　耕乐堂

郭家山俞氏宗祠位于绍兴市柯桥区湖塘街道永联村郭家山自然村，堂号“耕乐堂”。该村约有 850 余人，90% 以上的村民姓俞。郭家山人均水田 7 分左右，已是会稽山丘陵地带水田较多的山村。

据《绍兴潭底俞氏谱》记载，型塘（即郭家山）一族始迁祖为垣庵府君，由县内陶里村迁来，而陶里村俞氏由张溇（即潭底）析分。

宗祠始建年无考，在“文革”时被拆毁。2013 年由裔孙俞柏寿（时年 82 岁）首议重建，其子首捐款 6 万元，又在其他族人赞助下，原址重建。重建的俞氏宗祠，梁架结实，牛腿精致，门窗镂雕古朴，石阶堆砌有序，尚存古建筑遗风。宗祠仅三开间一进，大门上方所悬的木匾刻有“康熙皇帝御书”六字，匾上有一诗曰：“东望望春春可怜，更望晴日映寒弦。空中卧见南山近，并上取日北斗远。细草遍地回连处，飞花枯落无双全。极有对处意无极，鸟笼歌声急管弦。”（原匾在 20 世纪 60 年代损毁，后按原文刻制）旁边还有“康熙三年与康

熙皇帝结拜兄弟封位（为）左都督俞章言太公”字样，原匾已失。据《绍兴县志》“俞章言”条载：“清康熙十八年（1679）进士，寿春营左都督。”史书又载：“康熙四十六年（1707）三月甲辰朔。丁丑，升江南寿春营副将俞章言为云南曲寻总兵官。”（俞昌泰）

绍兴皋埠东堡村

俞氏宗祠

皋埠东堡俞氏宗祠位于绍兴市区东南 10 余公里处，凤凰山以南，东湖景区以西，富盛“宋六陵”以北之东杨湾村内（该村今由东堡、杨梅山、阮家湾等三个自然村合并组成）。该村现有 125 户家庭，总人口为 435 人，其中 98% 为俞姓。

据该村《俞氏宗谱》记载，南宋景炎（1276—1278）年间，十六世祖俞亨衢（俞庄后裔“剡派”十五世祖俞梁之长子）之六世孙俞如坤任殿前都指挥使，遂自会稽城内蕺山迁居本邑皋埠镇东堡村，是为该村俞氏宗族奉祀之始迁祖（其后裔俞绍麟，于清时迁居会稽城内香粉弄）。

祠初建于清道光年间（1821—1850），由俞氏族裔俞绍麟首事，与族人共同出资构筑于本村东水田旁。宗祠建筑正门面南，前立旗杆石一对，为五开间平房三进式砖木石混建结构。祠内正屋由两天井分别间隔，后大厅为木梁石柱结构，共有石制立柱 128 根，立柱上镌刻楹联多幅，“文革”时，被人用石灰涂平。

该宗祠曾被用作县级粮库和粮食加工厂。改革开放以来，又被个体禽畜养殖业者所租用，堵塞宗祠南面正门，内养成群鸡鸭。2003 年，宗祠北墙被市政府有关部门列为“绍兴市文物保护点”。以后又经有关部门拨款整改修缮。宗祠内部石柱楹联经修缮后，其中一幅楹联题为“孙枝蕃衍派溯五峰；庙貌森严灵钟八帐”。2011 年，宗祠又被列入“绍兴市级文物保护单位”，并立碑为记，同时该祠也用作东杨湾村文化礼堂。（俞昌泰）

兰溪游埠下俞村

俞氏宗祠　承启堂

兰溪市游埠镇下俞村，东临潦溪桥，西毗高元张，南临泥桥，北靠东莞村，地处金衢盆地北缘。为亚热带季风气候，四季分明，阳光充足，植被良好。本村俞氏总人口为1000余人。

据《兰溪游埠俞氏承启堂家谱》记载，该族始迁祖俞俊酉，字子英，生于元成宗年间（1295—1308），原籍绍兴府上虞县十里俞村，以贡举仕兰溪州儒学提举，宦居邑西四十里游埠下俞村，是为徙居斯地俞氏之始迁祖。元末明初时，俞氏后裔繁衍成族。明万历年间（1573—1620），俞氏始建宗祠后楼二进。至明末，于后楼前扩建第一进门厅和第二进正厅，堂门和两边门为一字排开，遂为四进三明堂式建筑结构，此结构方圆几十里绝无仅有。宗祠堂号由晚明书法家董其昌题额，曰“承启堂”，可惜该匾额被毁于20世纪60年代。现匾额为兰溪市书法协会原会长郑振庚先生所题。

抗日战争期间，宗祠被当作军用场所。中华人民共和国成立后，先后成为校舍、合作医疗社、豆腐作坊、经销商店、产品工厂。人民公社时期，宗祠第四进建筑拆毁，利用其材修建畜牧场。后楼亦因常年失修，致使损坏严重，部分倒塌。

2015年，当地俞氏族人决定对承启堂进行重修，并将原第四进建筑恢复重建。竣工后，宗祠焕然一新。现祠堂正前方挂有始祖俊酉公的圣像，成为本村俞氏后人唯一祭拜场所。该宗祠已列为兰溪市级文物保护单位，立碑以示。（俞柏洪　俞永金）

表率一方

诸暨次坞下陈坞村

俞氏宗祠　永思堂

永思堂宗祠坐落于诸暨市次坞镇里亭村下陈坞自然村内。该祠创建于清乾隆中期，为二进五楹平房，左右二侧庑厢，大门上方悬挂“永思堂”匾额，建筑总面积约为600平方米。下陈坞俞氏因宗谱残缺，仅存数本系图。据《凰桐俞氏宗谱》记载，十八世昌十一公之子（讳元禧，字元立，行长十二）于元至正年间（1341—1367）

由诸暨北郭迁入，为凰桐俞氏始迁祖。昌十一公堂兄昌二公四子，字东溪，行长五，徙居凰桐睦桥头，现下陈坞俞氏为长五公裔孙。

凰桐俞氏长十二公派建有俞氏宗祠，堂名“永思堂”，与下陈坞俞氏宗祠相同。（俞尚明）

萧山楼塔大黄岭村

俞氏家庙　溯本堂

溯本堂位于杭州市萧山区楼塔镇大黄岭村。大黄岭村位于萧山诸暨富阳三地交界，是“东有祠堂西有寺，清风岩下百花春”的富裕丰盈之地。

据2013年续修的《萧山黄岭俞氏宗谱》记载，黄岭俞氏始祖，发祥于新昌。一世祖诚，宋徽宗时入籍新昌原治。二世祖敬，由新昌徙居暨阳义安。三世祖汉，南宋高宗时为威武大将军。四世祖刚，讳健，迪功郎，生三子：曾九，义安之祖；曾十，余杭苦竹墩之祖；曾十一，萧山黄岭之始祖。曾十一公国亮（仕南宋节度使），字大明，庄公十七世孙，宋宁宗庆元年间（约1196），由诸暨义安（今枫桥镇），归隐黄岭，生子大三、小三。后大三迁内坞，洪武初，临溪建阁居，名水阁。现其子孙遍及水阁村、斜爿坞、下坞村、岩下村、直坞村、石盖村，及富阳张山湾、康北坞、尚坞、稠溪、上俞、下俞、临安、安吉、武义等地，人口逾万。

《萧山黄岭俞氏宗谱》从宋嘉熙四年（1275）首编到民国二十二年（1933）658年间，谱牒续修达17次，平均39年续修一次。谱牒内容得到了不断的更新。最近的一次续修即第十八次修撰，于2013年完成。全部成册共计35卷39本。距民国二十二年（1933）续修已有80年。2013年，黄岭俞氏续谱是历来续修最广的一次，涉及斜爿坞、水阁、夏坞、直坞、岩下、尚坞、大兆坞等12个村，辐射到富阳、萧山两地。

黄岭俞氏宗祠始建于清康熙十二年（1673），坐落于大黄岭水阁村中心，寓“慎终追远”之义，额“溯本堂”。初建占地近一亩，一厅一堂。清道光十九年（1839），续建穿堂、后懋、照墙、阶梯。清同治六年（1867），建戏台、厢庑。清光绪二十九年（1903）二修。民国四年（1915）三修。1949年后，宗祠被移作他用。2001年，配合新农村建设，宗祠整体整修。2012年，俞留土、俞林军倡议重修溯本堂。黄岭俞氏族人为弘扬先祖遗风，慷慨解囊，把大黄岭村这座别具一格的清代建筑修建一新，完成了黄岭俞氏宗祠建成300多年来第四次大修。2014年，黄岭俞氏宗祠修复竣工，距民国四年（1915）整修相隔一百年。宗祠占地530平米，三堂两进，“俞氏家庙”金字匾额，内堂高悬“溯本堂”堂号，画栋雕檐，气象轩昂。（俞林军）

萧山楼塔斜爿坞村

俞氏宗祠

斜爿坞自然村，坐落在萧山区最西南端百药山麓，位于杭州市萧山区南部楼塔镇横樟公路沿线，距楼塔镇5公里，东与夏坞自然村接壤，西北与富阳县隔山相望。境内群山环抱，峰峦叠翠，修竹茂密，古樟幽香，清泉潺潺，冬暖夏凉。自2005年起，斜爿坞、水阁、夏坞、王岭四个自然村合并为“大黄岭村”。

据民国三年（1914）《萧山县志》记载，五代吴越国钱镠时，斜爿坞已形成村落，北宋景祐年间（1034—1038），俞氏曾十一国亮公（曾任福建节度使）自诸暨县义安（今枫桥镇）迁徙隐居黄岭外宅，是为萧山楼塔斜爿坞俞氏之祖。后其长子大房大三公在内坞（斜爿坞）筑基开荒，繁衍生息，耕读治家，距今已900多年，已传到37世。全村户主均为俞姓，现有后裔人口（含外居族人）近千人。

萧山楼塔斜爿坞俞氏宗祠始建于民国二十二年（1933）仲秋，族人景福、水浩、全松、景甫、景仙、巨德、桂馨、仙林诸公，筹资集款，鸠工庀材，宗祠竣工，集学堂于一体。宗祠东侧戏台，修筑于20世纪60年代。

由于年久失修，饱经风雨，祠堂已成危房，2017年6月，在村“两委”的支持下，由俞氏后裔永法、中华、国富、张法、信山等13人，组成“宗祠修缮筹建小组”，规划重建祠堂和新建牌坊。全村141户家庭捐款达203份，计集资金人民币110.248万元；经乡贤俞和良先生牵线，由浙江新世界房地产集团有限公司邵嘉辉先生通过区慈善总会捐赠人民币30万元，弥补了资金不足。2018年3月18日，新祠竣工。重建后的俞氏宗祠，为五开间平房建筑，占地200多平方米。该工程项目设计构思新颖，集文化礼堂、老年活动中心、文化长廊、相公庙、千年香樟广场于一体，项目竣工后成为自然村的文化中心。同年11月，村口牌坊落成，乡贤俞和良撰联：“相公庇佑俊才出，香樟千载金铺地。”横批：“锦绣内坞。”（俞和良　俞中华）

三门珠岙娄坑村

俞氏家庙　追远堂

浙江三门嵝阳俞氏祖籍秀州（今嘉兴市），元至正间（1341—1368）其族裔俞均瑞举孝廉，随姑夫党吉甫驻守台州。至正十四年（1354），张士诚聚众抗元于苏、湖地区，均瑞任满欲返故里，因战乱而不遂，无奈滞留于此，寓居于宁海县学宫之西。明建文四年（1402），燕王朱棣诛杀方孝孺“十族”，俞均瑞之孙俞文林与方为布衣交，亦在诛杀之列。俞文林遂举家潜逃，隐于三门县贵人山下之嵝阳（今称娄坑），是为迁居斯地之祖。

俞文林之子俞瑾生六子，析分居于今之三门县娄坑、岭口、上方、岗后、铺里，今之宁海县长街镇李家庄村及象山县高塘岛杏八村等地。至今已历时700余年，嵝阳俞氏一派，生生不息，繁衍后裔已达三千余众。

嵝阳俞氏一族，自明清以来，人文蔚然，科甲联第。据清光绪《宁海县志》所载，嵝阳俞氏有26位取得科举功名者；《三门县志》所载，嵝阳俞氏亦有17位取得科举功名者。中华人民共和国成立以前，娄坑老街俞氏曾立有钦赐五旗杆石牌坊两座。俞瑾弘扬“程朱理学”，曾创建诰山书院，教授经、书、子、集。

三门嵝阳俞氏家庙坐落于现三门县珠岙镇娄坑村内，堂曰“追远”，为浙江省人民政府公布第六批省级重点文物保护单位。明弘治元年（1488），俞氏第四世祖俞瑾始立家庙，初落成为主殿三间，后毁于明季兵燹。清康熙二十五年（1686），重建正殿三间，两侧各筑二层厢房，中置戏台一座，建筑主体座西朝东，占地约近两亩。民国二十五年（1936），曾予大修。1963年复经修葺，2007年又经大修，该家庙现已基本恢复清代原貌。三门嵝阳俞氏家庙青瓦粉墙，雕梁画栋，古朴灵动，气势恢宏。正殿上悬“祖孙进士”、“兄弟元魁”、“理学名家”三块匾额，殿内树立两方《宁海俞氏祠堂记》《敕赠承德郎工部主事俞瑾墓表》（此碑因故自墓地移置入内）石碑，其中立于明弘治四年（1491），由内阁首辅、文渊阁大学士、著名诗人和书法家李东阳所撰《宁海俞氏祠堂记》之碑，更属世所罕见之珍贵历史文物。（俞高区）

追遠堂

追遠堂

乐清芙蓉西岙村

俞氏宗祠　叙伦堂

据民国二十三年（1934）《芙蓉西岙俞氏追远堂宗谱》记载，该族一世祖俞庚丸，字滈中，行孝一，南宋末由闽迁浙温州，居院岙口。元时，俞庚丸之第四子二世祖俞雁云，入赘於乐邑小芙蓉董氏，生四子。长仰颜，字孟贤，行敬一；次慕曾，字仲贤，行敬二；三效思，字叔贤，行敬三；幼法孟，字季贤，行敬四。三世祖大房俞仰颜生四世祖俞永顺，是为大房芙蓉西岙俞氏叙伦堂宗祠之祖。三世祖二房俞慕曾生四世祖俞

永恭，是为二房芙蓉西岙俞氏昭穆堂宗祠之祖。奉祀俞庚丸、俞雁云二代先祖之芙蓉西岙俞氏宗祠，原建於现乐清市芙蓉镇西岙村南山下，堂号“追远”，宗祠坐南面北，为五开间二进二院式砖木结构平房，建筑占地约一亩四分。该祠於清雍正元年（1723），由其族裔孙国学生俞焕文始建。至清咸丰元年（1851），又由其族裔孙俞振戊予以扩建。当时宗祠建筑为前进仪门五间，两边门塾各一间，天井中设有戏台一座，左右两庑各为三间，后进为享堂三间龛祀栗主，两边夹室各一间，仪门处建一台门，全祠缭以周垣。清光绪二十三年（1897），其族裔孙俞董光於祠后拓地数弓，添建左右小厢各二间，天井中砌一水池，惟地潮湿白蚁为患，木构建筑极易蛀损，民国二十三年（1934）时，又由其族裔孙俞董光予以出资修缮，以备還日办学之用。人民公社时，遂把追远堂木料拆除，移至叙倫堂改建食堂使用，今追远堂祠基尚存，有待筹资重建。

据《芙蓉西岙俞氏宗谱》记载，俞董光创建芙蓉镇后，在芙蓉新街建造“俞功成祠堂”及市隐楼，在俞功成祠堂和功成店屋中间建一座城门洞，上刻“芙蓉街”三字，俞功成祠堂正是在俞董光六十大寿（1927）落成。俞功成祠堂中堂挂着浙江抚巡赏给俞董光“五品军功”和乐清知事钱沐华颁给“兴学育才”匾额及省长夏超颁给的“积卫宣劳”匾额。

清咸丰三年（1853），俞氏大房裔孙俞振戊为奉祀本房俞仰颜，俞永顺二代先祖，遂另建一支祠，堂曰：叙伦。中华人民共和国成立后，俞氏裔孙四时尚能奉祭於此祠内。人民公社时期，该祠改为西岙村办公驻地。1983 年该祠失火，焚毁殆尽。1984 年在原址重建五间平房，内置奉祀俞氏本支先祖神龛，边有碾米厂，宗祠对面有戏台和西岙村办公楼。（俞升满　俞书信　俞立保）

乐清芙蓉西岙村

俞氏二宗祠　昭穆堂

清同治十二年（1873）年，俞氏二房裔孙俞启仕、俞振丰、俞启瑞、俞启树、俞启银为奉祀本房俞慕曾、俞永恭二代先祖，遂另建一支祠，堂曰“昭穆”。

该祠坐西向东，占地8分8厘。中为享堂三间，上挂“昭穆堂”匾额。两边爽室，各为一间。享堂上置神龛，中奉俞慕曾、俞永恭两代先祖。中华人民共和国成立后，该祠因长期失修，濒临倒塌。2001年，裔孙俞宗平、俞天昌、俞贤昌三人首事，俞昌升、俞贤秋、俞贤荣、俞立凤、俞立昆、俞立权、俞立金、俞立邦、俞立祥、俞诗连、俞书际等人协助，筹集工程费人民币约20万元，重建宗祠，将原砖木结构建筑，改建成为钢筋混凝土建筑结构。宗祠竣工，楹联由裔孙俞天昌、俞华清撰，裔孙俞华清敬书。（俞升满　俞书信　俞立保）

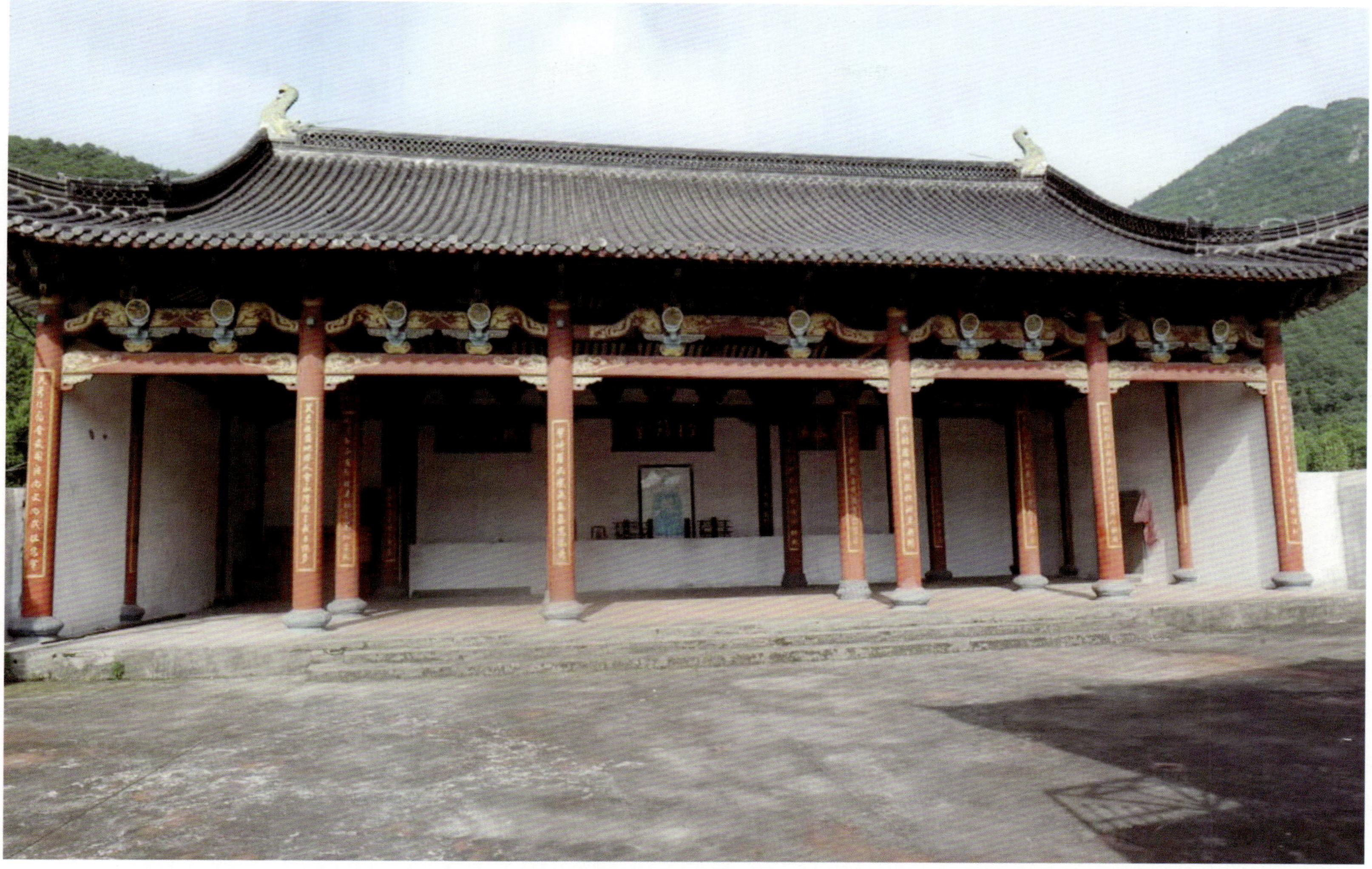

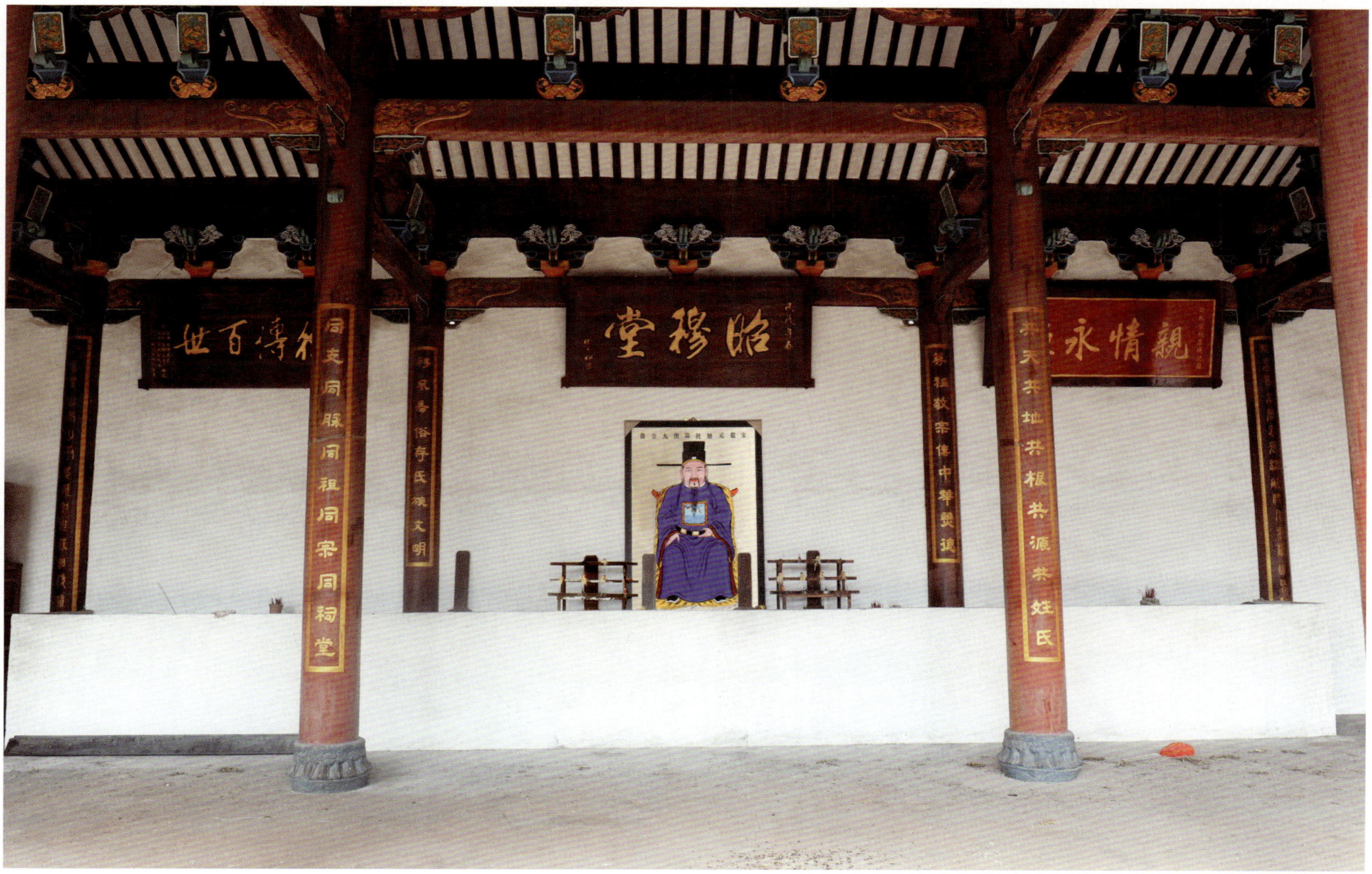
昭穆堂
同支同脈同祖同宗同祠堂
共天共地共根共源共姓氏

九郎溪俞氏宗祠

九郎溪俞氏宗祠脉承世代简图

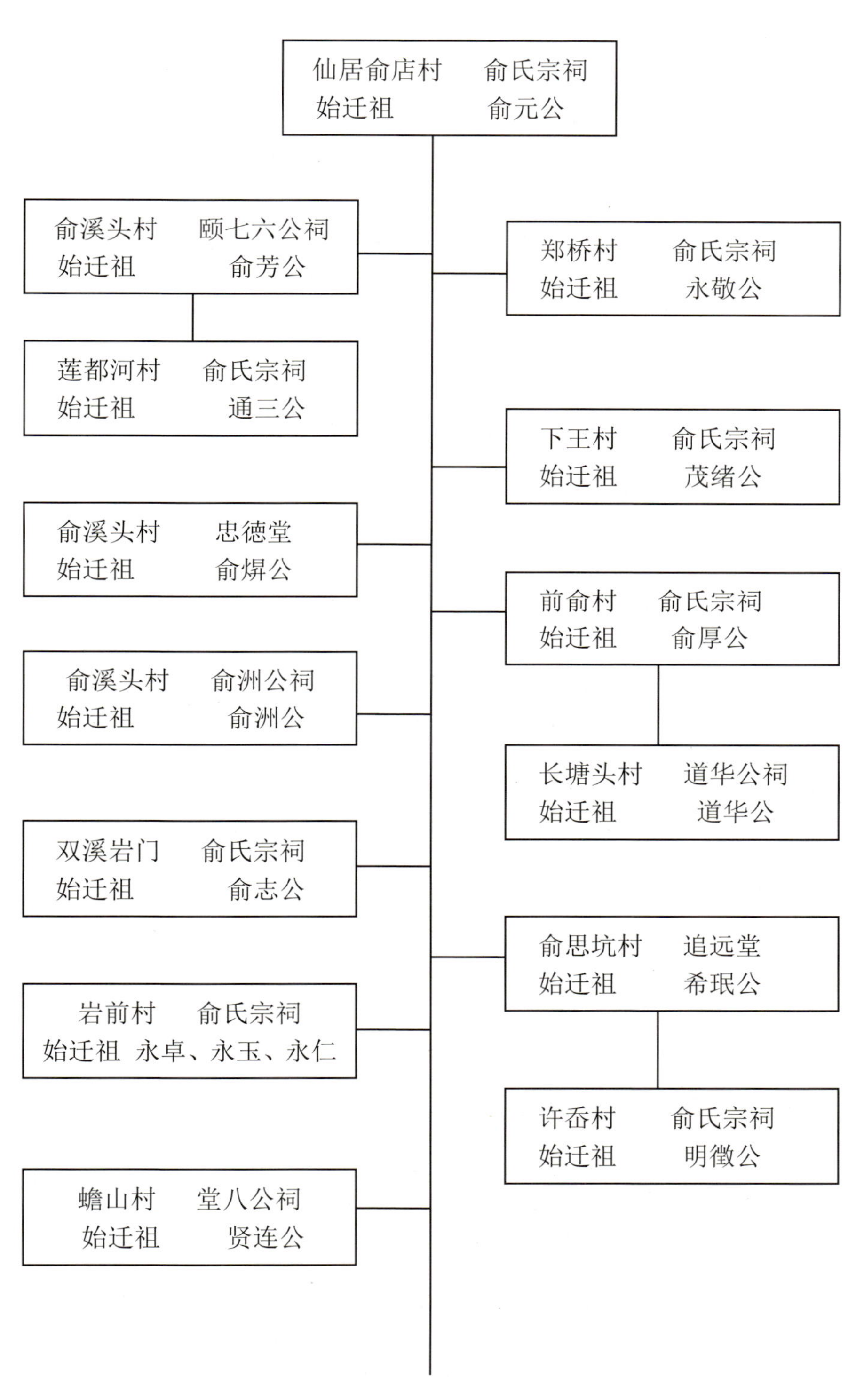

仙居横溪俞店村

俞氏祠堂

据临海市文博馆藏民国九年（1920）十六修版《仙居九郎溪俞氏宗谱》所记，九郎溪俞氏姓出黄帝，源出河间（今河北省献县），派衍金陵（今南京市），支分九郎（现仙居县横溪镇之古溪名）。

北宋熙宁（1068—1077）间，俞元（字承道，号屏山，行资四），原籍金陵，系兵部侍郎标公之孙，与其子柄公职居元帅，授浙台州府总领，率军抵乐安（仙居古称）剿除海寇，任内治绩政和民洽，深受百姓拥戴攀留，遂自江苏金陵府城阴山，始迁浙台州乐安邑西六十里之九郎溪，卜居聚族于斯，是为迁浙乐安俞姓之始祖。

约于元泰定三年（1326），十世孙讳煇公邀约族人创建宗祠于“洞山书屋”之傍，规模宏敞，榱桷高华，仰观洞山环绕，俯瞰溪水潆洄，举夫松声书韵，美景毕备，尽可为灵爽所式凭。

至明永乐（1403—1424）间，九郎溪洪波泛滥，冲击两岸民居，宗祠亦倾圮。时由十三世诱公带领部分族人，转徙於本邑“魚（俞）店更楼”，由各房支派捐资，重建宗祠于“更楼”之侧。此处风清俗美，地厚力丰，

自垂久远，而宜阖族永固。清乾隆十三年（1748），陈大节先生曾撰有《九郎溪改迁大宗祠记》一文以志其因，其文略曰：“夫人生气以成形，俱有木本水源，自分封受姓以后，靡不遡所自出，以为追远报本之计，此宗祠之所由设也。于是修祀典，序昭穆，摄威仪，裸将者皆于此习礼焉。”至民国十四年（1925），复将宗祠予以重新修葺，至今仍保存完好，巍然屹立斯地。（俞金华）

仙居官路下王村

俞氏宗祠

下王村坐落在永安溪畔，隶属于浙江省台州市仙居县官路镇，是以俞氏为主要居民的村落。该村俞氏始迁祖茂绪公于明嘉靖年间（1522—1566）从本邑横溪镇俞店村徙居于此。历经近500年的发展，如今下王俞氏枝繁叶茂，蔚然已成官路镇旺族之一。

明嘉靖年间，倭寇入侵台州，抗倭名将戚继光、谭纶在台州府治临海北固山一带修筑长城，所用石料绝大部分来自仙居石仓洞、下王石仓山，故下王俞氏始迁祖茂绪公之子惟任、惟云、惟真等兄弟徙居是处后，以开山凿石为业，为抗倭作出了贡献，名垂青史。

1925 年，下王俞氏合族议商，涓吉兴工，创建宗祠，岁时蒸尝，香火旺盛。在历经近百年的风霜侵蚀后，是祠已破败不堪，濒临倾圯。2015 年，下王俞氏举族合议，决定选用石仓山的优质石材重修宗祠。在下王俞氏族人的共同努力、积极赞襄下，是祠现已修葺一新，具有俞氏宗祠和下王村文化礼堂的双重功能。

2017 年，下王村俞氏延请浙江萧山大黄岭宗亲俞富康题书匾额“俞氏宗祠”，甘肃兰州俞家湾宗亲俞荣漳题书门额“惟宗石祖”，两位书法名家的墨宝令宗祠倍增辉光。

寝堂正中悬挂着一方木制牌匾，匾上刻有宋景德四年（1007）朝廷赐予九郎溪俞氏远祖俞标为兵部侍郎、通议大夫的敕命一道。牌匾下方张挂着两幅布帛彩绘，即首绘于清道光二十一年（1841）的九郎溪俞氏先祖台温元帅汝佐公及祖妣黄氏的命服像。

寝堂内的十六根石柱均镌有楹联，如“九郎分支谟型未坠；三房衍派德泽犹存”等，而享堂内的石柱上则刻着十二生肖。祠内四壁分别陈列着或石雕，或木刻的下王村村史、姓氏渊源、宗谱序、合族规约、诗词以及乡贤、优秀学子名录等文字。（俞文军）

仙居横溪郑桥村

俞氏宗祠

仙居县横溪镇郑桥俞氏祠堂，始建明弘治年间，坐落在郑桥村东，环境优美，建造宏伟。迈入祠堂，“四公遗斋”四字醒目高照。石柱林立似盘古，樟柏雕叠奇观。前石柱雕刻有“连理嘉禾传瑞气；高山流水发清音”等楹联。

元公十七世孙永敬，字献恭，号仙桥，襟怀磊落，知识高超，览胜于郑桥，见是地山拱如环流如带，重关交锁，别开天地，不让辋川之胜，且地多膏腴，旱潦无虞，欲为燕翼计，乃谋诸父。父亦许之，遂挈二子迁居郑桥。

永敬公孙洪旸，字英焕，号思相。思相公捐莹田九亩，于明弘治年间，建造祠堂。

又相传，村有安仁公把家产田地全部捐出办义学，造福子孙后代。现义学改名为郑桥片区小学，每逢清明佳节，300多师生都前往安仁公墓前祭拜。

郑桥村是仙居县大村，横溪镇重村，全村1700多人，其中俞氏1400多人。郑桥村连续十年被评为县文明村，台州市授“先进单位”，《仙居日报》曾全版刊登了《崛起在仙居西部的文明小康村——横溪镇郑桥村》的报道。（俞加熙）

缙云溶江岩门村

俞氏宗祠

据《五云周川岩门俞氏宗谱》所载，本宗源出金陵，支分常州，转迁婺永，奠基周川，肇定岩门。

讳靖公由金陵迁居常州，十六世讳渭公（行十三，字朝清）随宋高宗南渡。讳渭公遨游五云之南周川，见山水清奇，遂卜居于此。长房六世祖讳志公，行元十五，因周川烟户稠密，于明正统十二年（1447）迁居岩门，卜吉安身，至今已有二十六世。

宗祠于清道光二十五年（1845）春兴工，前建明厅，后造享堂，合成一座。至道光三十年（1850）秋，叠构神厨，雕刻木主，置造凳桌，宗祠方得告竣，并立有《祠规》十条和《俞氏家训》十六字："耕读勤俭，孝弟谨信，礼义爱敬，忠恕正和。"

祠距县城20公里，在仙都5A级风景区内，是主要观赏景点之一。祠坐落在岩门巍峨两石之下，整体土木结构，粉墙黛瓦，简略却不失古朴。祠内厅柱镌刻楹联数副，有溯源者"郡封河间溯宗支数百世之遥源流头推一本；派行常州稽祖德千三行已后昭穆俨序同堂"，有颂德者"猛虎惊呼明月深更传逸行；灵龟入梦秘书正字授崇封"等。祠成至今，时逾170余载，虽几经修缮，勉为延续，但经历20世纪"破四旧"等运动，祠内文物大多被毁。

2006年初春，族人诸君首事，合族裔孙赞襄以助，鸠工庀材，恢复先祖功勋牌匾。（俞建阳　俞锦文　俞文军）

缙云双溪口岩前村

俞氏宗祠

缙云县双溪口乡岩前村的俞氏一族，其先祖原籍为仙居县俞店村，其族自该地徙永康县俞溪头村，再徙永康县麻车口村，又转徙现居之地，全族现有 130 余人。

据永康县俞溪头村《俞氏族谱》所载，徙永康县麻车口村俞氏第十六世俞启郑（生于清康熙十四年，1675），生三子：长俞永卓，次俞永玉，幼俞永仁。俞永卓三兄弟成年之后，游艺途经缙云县双溪口乡岩前村，以为此处是风水宝地，兄弟三人遂卜居此地。

缙云双溪口岩前俞氏宗祠创建于民国二十六年（1937），无堂号。时全族人口尚不足 60 人，且地处交通不便之山区，其族第三十二代子嗣俞茂兴、俞焕玉、俞启焕首事，历经艰辛，宗祠方始得竣成。

2007 年，俞氏族人拟将宗祠修缮，众皆纷纷赞助工程善款，计得人民币 18000 余元，遂将宗祠修缮竣工。（俞岩金　俞利坤　俞国林）

缙云双溪口蟾山村

俞氏堂八公祠

据《缙云周川岩门俞氏宗谱》载，蟾山俞氏始自金陵，分迁常州，转徙婺永，奠基周川，肇定蟾山。

二房周川派衍至第十七世祖，行堂八，讳贤连，公由周川徙居蟾山。其子行乾二十六，讳哲兴，字惟隆，公位下，再析三房。其中二房第二十一世祖，讳世标，公因奉父行昌三十二永佳公之命，择吉址，为蟾山迁祖堂八公、乾二十六公建祠奉祀。世标公遂集维隆公位下三房之族贤耆老共商是命，力承堂构箕裘之绪，于民国十六年（1927）建成享堂五楹，东西厢各五间，大门等亦次第兴筑，是为蟾山堂八公、乾二十六公祠。

是祠坐落于缙云县双溪口乡周扎村蟾山自然村，距县城25公里。祠成后，作为蟾山俞氏克敦奉先，岁时祭祀之所，于今已历近百年。中华人民共和国成立后，被政府征用为学校、碾米房等，至今尚为集体社房。（俞文杨　俞文军）

永康石柱俞溪头村

颐七六公祠

颐七六公祠位于永康俞溪头村西，坐北朝南，大二进，东西各有厢房二间。前后曲梁檐柱，均刻有鳌鱼、吻兽、飞禽、花卉，朱漆油画。堂名曰“肃伦”。挂有俞芳下八世孙像、清进士有斐公等先贤匾额。

颐七六公俞芳，字克茂，洪洲俞氏第九世，因洪洲俞氏有“文行忠信，元亨利贞”为上八房，“宫商角徵羽”为下五房。俞芳为羽房祖，为避忌，故称颐七六公。

南宋绍兴年间（1131—1162），有百三公苍老，字太原，号冲虚，自仙居九郎溪迁于永康横山殿前，复迁合德乡高厚。生三子，高、厚、隆。俞高，字彦明，行千一，居东阳昆山；俞厚，字彦博，行千二，宋淳熙二年（1175）进士，为永康球川俞氏祖；俞隆，字彦广，行千三，生一子俞盘，号竹溪，行万二。盘生四子一女，长子恭，字敬夫，行巽一，居赤岩口。次子良，字谦夫，行二，居后塘书院。巽三女院君，嫁湖塘陆。三子温，字逸夫，行巽四，居麻车口。四子敏，字纯夫，行巽五，居洪洲永泉，郡马公。共尊俞盘为永康洪洲俞氏祖。

俞溪头俞氏颐七六公祠始建年不详，清咸丰年间（1851—1861）毁于战乱。清同治十年（1871），由祠下理事若涔、若枝、美基、冀杭、崇星、崇倘、临海、永清等合议，仍在旧址重建，越年余，遂告成。中华人民共和国成立后，先后作为乡公所用房，至今尚存。（俞永广）

永康石柱俞溪头村

德高公祠　忠德堂

德高公祠位于永康俞溪头村中心，坐东朝西，堂号曰“忠德”，主祀俞氏十世祖俞焺公。

俞焺（1418—1494），字德高，行蒙十一，洪洲俞氏第十世忠房祖。生二子，俞雍、俞洪。俞雍生四子，次子俞敬（1463—1545），号沙泉，明弘治十八年（1505）进士，官至云南永昌军民府知府。俞洪生二子，次子俞玘（1472—1538），号云窝，明正德十一年（1516）举人，官至广西柳州府宾州知州。是故俞焺一门，有“一门双太守”美誉。

俞溪头俞氏德高公祠始建于1931年冬，由益元、爱春等族人首创建造，规模宏大。大三进，五开间，二天井，左右厢房各七间。20世纪50年代为村农会办公用房，后用作民办学校。现为村老年活动中心，目前正在筹资重修。（俞永广）

俞溪頭宗祠
門庭映秀水前崇文後神武祥光普照百姓家
宗祠倚靈山左青龍右白虎瑞氣升騰凌霄殿

萬世流芳

德澤千秋

9

永康石柱俞溪头村

俞洲公祠

俞洲公祠位于俞溪头村中，坐北朝南，二进，大三间一天井。风格简朴大气，祀祖俞洲。

俞洲公（1483—1542），洪洲俞氏第十二世孙，行泰百一八。生三子，俞根、俞枝、俞稀。长子俞根公（1510—1570），字培之，明处士，明嘉靖年间（1522—1566）从洪洲（俞溪头）迁居仙岩。公力树耕读家风，诚仁待人，与众解难，子孙繁衍，人才辈出。其裔孙于民国二十八年（1939）在俞溪头建成俞洲公祠。（俞永广）

永康芝英前俞村

俞氏宗祠

前俞村俞氏宗祠位于永康前俞村，主祀俞厚公及以下诸祖。俞厚，宋淳熙十四年（1187）进士，迁自仙居九郎溪，为永康球川俞氏祖。元至正年间（1241—1368），裔孙俞暹迁居前俞。

该宗祠建于清康熙四十三年（1704），由邦积、德功、德华、德滔、德溪、德照、德奕、德禄、德绪、君斌、君略、君彦、君先、汉珍等十四人董其事，鼎建寝室、中亭及享堂门楼两庑，三进三间，两边厢房后寝毁于火。

该祠柱石森列，栋宇峥嵘，庙貌卓然，中亭明间五架梁抬梁式，雀替镂空细琢，梢间边缝穿斗式，前后檐柱均有护梁花雕牛腿，雕刻人物故事，造型生动，技艺精湛，中亭和门楼尚保存完整。（俞永广）

永康唐先长塘头村

俞氏道华公祠

俞氏道华公祠位于永康长塘头村，长塘之东，苍山之西。

元至正二十三年（1363），道华公自前俞迁居长塘头，是为长塘头俞氏始祖。

道华公祠由金苍、水兰设席首议，族众出资，由金苍、水兰、兴旺、新印、凤鸣、有运、茂多、景富、文月、贤玉等为董事，约族人鸠工庀材，同心协力，于1937年告竣。主祀长塘头俞氏始祖道华公。该祠有大三进，三开间两天井，左右廊房，石柱林立，台门设有戏台，规模宏大，现保存完好。（俞永广）

道華公祠

永康城南大兰村

舒俞特祠

大兰村位于永康、缙云、武义三县的交汇处，此处山虽不高但挺峭，谷虽不长但幽静，涧虽不宽可水清澈甘甜，夏无酷暑，竹海翠波，空气清新，是个天然氧吧。旧属三都义丰乡，人民公社时期属环城区富山人民公社，后改称永祥乡，现属江南街道。这里虽是个革命老区，但因山多田地少，交通不发达，至今还是一个比较贫穷的落后小山村，只有小型车辆可以通行。

大兰村现有260多人，约90户人家，其中60%左右是俞氏，约30%是舒氏，另有陈、王几户。大兰虽有多个姓氏集居山村，但民风淳朴，不分彼此，能和谐共处。

该村先有舒氏，后有俞氏，二氏相互通婚现象较为普遍。据永川（江南白雁口）舒氏宗谱记载，永川鼻祖（按：唐朝宰相舒元兴，唐元和进士，授监察御史兼兵刑二部侍郎，荐进阶光禄大夫上柱国，太和二年以本官兼同中书门下平章事）第十二世祖大岳公字继宗为宋钦宗台郡太守，其时兵乱，遂携家眷卜居永川。其长子琳，居白雁口，次子琅，居永祥，幼子居奉化。传至第二十三世（按：白雁口始祖琳公第十一世），有齐行二讳铭公字志忠者（齐三，讳聪，徙居拱瑞下，所以大兰舒氏与拱瑞下舒氏始祖为弟兄关系），生于元至元元年（1335），卒于明永乐九年（1411），由白雁口分析大兰，遂为肇徙大兰第一世祖。铭生升行五，讳旦（肃晓），生于明洪武七年（1374），卒于明正统四年（1439），旦（肃晓）生四子：音、宗、□、纠。旦公四子演行二三，讳纠，生于明永乐八年（1410），卒于明成化十二年（1476），接着四代都是单传，至第二十九世（大兰舒氏第六世）善行二三六，讳庆，生三子，传二，长子富行一六九，讳守文，字子荣，生于明万历三十年（1602），次子富行一八五，讳守武，字子华，生于明万历三十四年（1606）。近二百年大兰舒氏繁衍较为缓慢。在此其间舒俞二族之间已有联姻，如《永川舒氏宗谱》在舒氏第二十二世（白雁口第九世）的建行一二讳天稳之子和二十三世（白雁口第十世）齐行一讳孚之子，都有居石溪的记载，也就是说，在白雁口始迁大兰的齐二铭公徙大兰时期，其兄齐一孚之子就已居住在石溪了，在元至元至明洪武年间，先后两代人同迁石溪。

据《石溪俞氏宗谱》记载，石川俞氏第十七世豪行七，朋公生于明成化十三年（1477），其长女适舒氏。从中可以看到，石溪与白雁口有着很深的渊源。大兰俞氏由石川（溪）第二十三世宁行五十德池公，即从明万历年间迁徙大兰，继娶舒氏（1600—1673）为妻。大兰俞氏宁行五十，讳德池公（1596—1661），先娶包氏（1597—1616）为妻，续娶舒氏（生于明万历二十八年，1600），而俞氏德池公迁居大兰后，第二代希行三五，讳思上生三子三女，三女中有二女适本地舒氏，其后三子又生三女，又皆适本地舒氏。

自此之后，大兰舒氏第三十二世祥行一六三，宗建，字汝凤（生于清顺治末年），娶石溪俞氏女（生于清康熙四年，1685）为妻；另祥行二八〇，长城，字汝才（生于清康熙二十三年，1684），娶石溪俞氏女（生于清康熙四十年，1701）为妻。祥行二八六，讳长明，字汝仁（生于康熙二十七年 1688），女二，幼适俞佛寿；三十四世（大兰第十一世）远行三七九，讳有意，字亦秋，号宗培（生清乾隆），娶本地俞氏女（生于清乾隆三十二年，1767），三十五世康行三七六，讳康飞，字际鸾（生于清嘉庆五年，1800），娶本地俞氏等记载。这些记载都真实地反映了大兰舒、俞两族之间的亲密关系。自从石溪俞氏迁徙大兰后，两族相互嫁娶，关系融和，人口繁衍较快。大兰离城路途虽不很远，但地处山区交通不便，加之峡谷狭窄，无法扩展，所以近 600 年（俞氏 400 多年）发展历史的村庄，现在也还是只有 200 多人的小山村。

大兰村建有两座宗祠。俞氏奇行二十四，王初公之后，九常（第二十六世，福行十六，讳明奇，字邦九，谓九常）明奇公，生三子，讳正寿、正双、正三。三兄弟于清道光十二年（1833）创建了十二间头的俞氏九常特祠（现因分卖于户，拆建失修而无法修复）。据《俞氏宗谱·议约》载："一，祠基一处，土名外屋量，坐三都合常户，正寿助。一田三十把，计一丘，土名大兰家上青山脚；一田三十把，计一丘，坐坑坞脚，正双助。一田七十把，计三丘，坐石坞口桥头，正三助。道光（十二）壬辰年十一月□日立议约。法新、春奇、正扬、如祖、日序、文华。"据大兰《舒俞特祠碑》记载：大兰舒氏始祖齐二讳铭公，"绳绳继继，孙枝蕃衍，相传十二世，行永三百零一，讳忠标公者，丰姿雅度，品貌自如，超然拔类，朴朴乎长者之风。淑配本村俞氏秋菊公之女，心存明德，善发幽光，雍雍然发祥之肇。厥后麟趾振振，螽斯蛰蛰；顺孙孝子，奕世相承。族有贤裔书求等发敦宗睦族之心，溯本穷源之义，为之倡始建舒俞特祠，以妥先灵。族人佥同赞美。高祖妣俞族后裔荣

福等声闻舒氏创始建祠，有志契合，展发孝思，二姓谊属联姻，欣然邀同共与。而舒氏孙枝系忠标公脉络，则俞姓后嗣为秋菊公之嫡也，氏族虽异，而支脉则同渊源，本一家之血食也。由是相量基址，鸠工庀材，协同建造特祠一座，于家下水口，涓吉于民国二十二年（1933）八月初五日。竖造正寝五楹，台门三楹，左右廊庑各五楹，规模宏厂，庙貌雍容。于以二姓子民来经营之，匠人工之如，灵台之经，则不日以成之。佥同订约，分配自如。寝堂西首及中间拍半为舒氏所有，其台门并二庑厢房二族协和，二边馀基各占各管，禅后竖造厨房之用。由此观之，尊卑序矣，姻谊联之。先灵神妥，享祀凭依。信乎根深者叶必茂，源远长也。当知祖宗积厚明德，幽光且远乎哉！而乐为之记。”现大兰村没有公共场所可以供村民活动，所以村三委决定在舒俞特祠的旧宅基地上修建综合活动中心。

大兰村地处山区，经济发展主要靠种植靛蓝（即靛青）和毛竹。大兰是永康最大的毛竹生产基地，旧时永祥手工造纸业相当发达，从永祥至大兰这长约六华里的各个纸铺（最繁华时共约有十一座纸铺）林立，永康的所有烧纸、黄标纸、草纸（卫生纸），都产自这些纸铺，并从桐琴经水路发往兰溪等地，而造纸的原料就是产自大兰。随着现代工业发展和生活环境改善，手工造纸从 20 世纪 60 年代就已结束，完成了它的历史历命。现在只有到每年的笋期，各地笋客前来购销新鲜竹笋，才能看到些许繁华景象，那真可以用人山人海来形容。因土质和气候的原因，大兰源出产的鲜笋比附近产地笋来得鲜甜可口。

随着现代化发展，山区落后的经济早已不能适应生活的需求，大兰也如许多山区一样，年青人进城打工或创业，各自谋生，各逞其能，只有少数老人、妇女留守在大兰这块难以割舍的俞氏发祥之地。（俞德明）

永康石柱俞泽村

俞氏宗祠

14

丽水莲都河村

俞氏宗祠

河村俞氏宗祠位于丽水河村括苍山脉正身岗山脚，据《俞氏宗谱》记载，宗祠始建于清光绪八年（1882），民国十一年（1922）遭洪灾冲毁。经合族聚议，于民国十三年（1924）在河村岗足再度重建。时隔七十五年后，因年久失修，破旧不堪，在1998年趁修谱之际，益弟首议重修宗祠，2006年夏由春环、春弟兄弟俩出资重修告竣。为彰显兄弟奉献精神，特立匾额挂于祠堂。宗祠重修后面目一新，中堂悬挂“俞氏宗祠”字号和“历朝科甲”匾额。（俞益弟）

附：《俞氏创建宗祠记》

尝闻宗庙之礼，所以序昭穆也，先灵先公实式凭焉，是宗祠不可不急讲也，明矣。溯俞氏自通三公由婺迁括，结庐河村，已经数百余年，先后议建祠宇。至光绪八年间，适承族长锡华，同房长林春、见兴、作富、水有等，知宗庙为先之义，体先人未逮之志，嘱咐子侄绍坤、绍恩、其才等，倡捐经理，以将本房常山出拼，助建宗祠，讵土木难兴，开费再不敷，将祭产悬吊凑用，俱乏地基可造，土名本村戏台前地基一块朝旺，混争耕种，以致同室操戈。绍恩不愿，具呈蒙宦县主，自异堂谕，判明清楚，“准绍坤、绍恩、其才经理，自行建造，而军房坚执不从，以作民房，己祠不许军房入祠混争”等词。奉断后，恩等始经营筹画，庀材鸠工，起建祠宇于壬午，落成于乙酉，费工一千有奇，费钱三百余串，凡四载，而祠宇始焕然一新，爰是择吉迎神送归。宗祠中，供通三公神主，而以槐公、耋公配之，奉断戏台前准作祠基，与王氏仝子宝发，助东至街路，南至戏台基，西至俞姓己墙，北至街路，计横路七丈许，直路一十二丈。而后先灵于是乎妥，昭穆于是乎序。其有以慰先志于冥中者，不即以告成功于族中也。兹因谱牒告竣，略述建造巅末，乞记于余，因不辞鄙陋，依口直书，附诸谱端，用见前人缔造之艰，而后人当随时恪守其成，以垂久远于不朽云。时光绪二十九年岁次癸卯仲夏月谷旦。

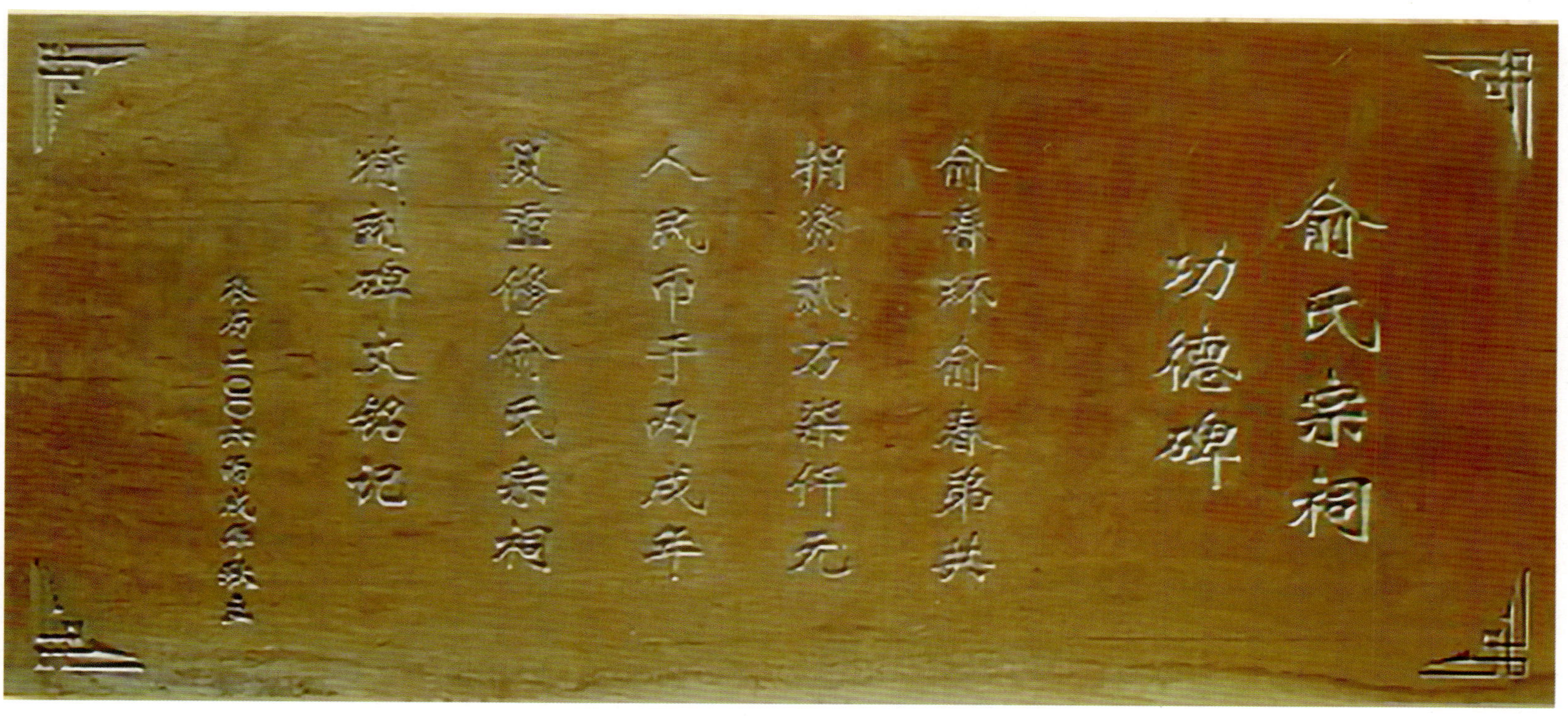
俞氏宗祠
功德碑
俞春环俞春弟共
捐资贰万柒仟元
人民币于丙戌年
冀重修俞氏宗祠
特竖碑文铭记
公历二00六丙戌年秋立

俞氏宗祠

歷朝科甲

如在其上
俞宗祠

平阳顺溪俞思坑村

俞氏宗祠　追远堂

据俞思坑《俞氏宗谱》载，明天顺年间（1457—1464），希珉公由括苍处州徙居平邑五十一都俞思坑（今属温州市平阳县顺溪镇），发祥呈瑞，聚族而居，是为肇基始祖。

明末清初，因不慎失火，老屋及族谱均荡然无存，遂致希珉公以下世次缺载，故至清康熙年间（1662—1722），八世祖兆芝公汇编家谱时，则断自明末元登公为始，溯流于源，详其所可知。清乾隆三十九年（1774），十一世祖玉亮公矢志修谱而后成。

俞思坑俞氏宗祠始建时间已不可考，仅知于清乾隆三十六年（1771），是祠不戒于火，而今沿阶条石痕迹犹存。至道光二年（1822），兆芝公派下裔孙在旧址重建是祠，为堂三楹，正室祖龛置木主，旁则为祀后土之神龛，前有头门，后有隙地，缭以周垣，但两旁被陈氏夹居，故出入需经陈氏之门。光绪年间（1875—1908），陈氏屋主欲砌墙阻断，故涉讼至县衙，邑侯汤肇熙亲临勘察后谕示："不准陈氏砌墙，应予宗祠以通道"。

清道光二年（1822），祠竣后，曾置祀田四亩，以作子孙轮流祭祀之资，兆芝公派下专主之，他房支概不得与，既久，他房支族人竟至屏迹宗祠。迨至民国，竹庭公慨然于一本所自出，亟思统一之，乃建议旧置祀田仍由兆芝公派下专主，而各房子孙均应明尊祖敬宗之大义。后又置祀产附入祠下，俾举族无亲疏遐迩，咸得以岁时蒸尝，济济一堂而敦水源木本之谊。

是祠虽经多次修建，但终因年久代远，虫蚁侵蚀，加上遭受系列运动的破坏，其已几近倾圮。1989 年和 1995 年，为妥先灵，俞思坑俞氏族裔曾两度集资，对是祠予以拆朽简修，并恢复设置"追远堂"匾额。至 2014 年，族中有识之士相与谋定，募斥巨资于原址重建宗祠，并于 2016 年举行了隆重的竣工典礼。（俞振华）

河閒郡

歷朝科甲

追遠堂

壽臻期頤

瑞安曹村镇许岙村

俞氏宗祠

瑞安市许岙俞氏源远流长，系出河间郡。一世祖希珉公，自金华永康明天顺年间（1458—1464）来迁平阳俞思坑，为启基之始祖。传至七世祖明征公，于明崇祯年间（1628—1636）迁居瑞安许岙圣井山一带。九世祖启耀公正式定居许岙，繁衍至今，已有300多年。许岙俞氏宗亲现有57多户，200余人（据2012年族谱统计）。

许岙俞氏祠堂位于浙南名山——圣井山的东麓，是一座四合院式的建筑物。由前任族长俞万弟和现任族长俞成尊等宗亲致力于家族文化建设，组织发动乡里的俞氏宗亲捐资兴建的。历时一年多，于2009年竣工。（俞振华）

根同枝茂

次峰俞氏宗祠

次峰俞氏宗祠脉承世代简图

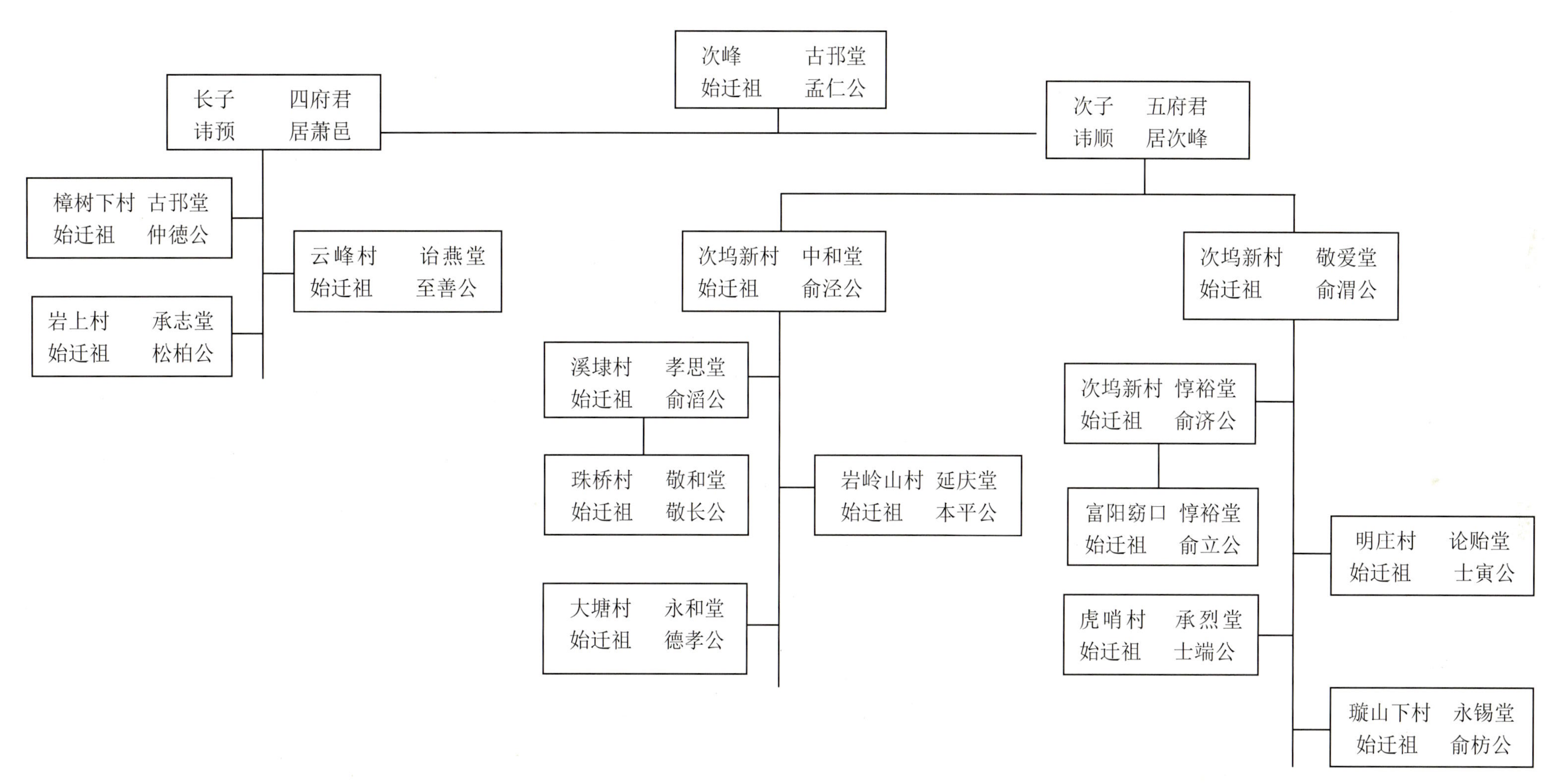

诸暨次坞

俞大宗祠　古邦堂

次峰俞氏，即次坞俞氏旧名。次坞俞氏以孟仁公为始迁祖，于唐末五季之乱时为避乱，由浦江华南迁居萧邑大坞（即今楼塔镇路下院村）。生三子，长讳预，字定之，居次岭之西，为西派祖，占籍萧山；次讳顺，字承之，居次岭之东，为次峰东派祖，占籍诸暨；幼讳灏，字凝之，仍回浦江原籍，为前于六宅之祖。

次峰东派祖至第八世祖万七公，讳用之，字则行，诰封正奉大夫正治卿。生二子，长贵三，讳泾，字本清，号廉斋，累官工部左侍郎；次贵五，讳渭，字本洪，号达斋，授中书舍人。

贵三公登南宋淳熙进士第，官至工部左侍郎，与朱文正公（朱熹）同朝为官，交契最厚，为亲挥翰墨以额堂“中和”，并卜地仙人翘足形以葬其亲，传至二十七世祖，讳錸，字鸿裳，太学生，侯选州同，清道光元年（1821）制科征孝廉方正。清道光十六年（1836）鸿裳公首倡，邀集各派宗长合议续修次坞俞氏全族联谱之举，众人附议，集二十四部分谱联成次坞俞氏全族通谱，修十五部，每部一百三十册。次坞俞氏，户口浩繁，裔孙分居六十三个村庄，建有四十八个宗祠。

鸿裳公联谱之举告竣之时，举事之董合议村各建祠，或祭高祖，或祭其祖之自出，皆私祠而非合族公祠也。以故始祖大一公、小一公、三一公无专祠，识者憾之。既而思之曰：“若无大宗祠尊祭始祖，为俞姓共有之祠，则谱联而族属之谊不联，非谋也。”于是将联谱之余钱二千缗，并加劝募，为创祠之谋。相其阴阳，观其流泉，度材鸠工，于九陇山之麓，双溪之左（原次坞溪与石牛坞小溪流径蒋家坞出口汇合次坞溪），坐北朝南建立（现次坞镇政府大楼东面，秀松中学），规模为寝室九楹，中厅三楹，两庑十八楹，门廊三楹，其名曰“古邦堂”。明俞为邦，不忘本也。大宗祠规模谨严，制作精巧，巍然翼然，与社庙名“澹竺庙”并峙北方，洵杰观耳。《礼》曰：“君子将营，宫室宗庙先。”鸿裳公与董事诸君可谓得之矣。

俞大宗祠建于清道光十六年（1836），俞氏全族联谱之后，约为道光二十年（1840）年前后，正面大门上方书“俞大宗祠”，中厅堂额“古邦”。俞大宗祠于20世纪80年代，为发展教育事业被拆除，现为秀松中学学校操场。（俞尚明）

2

萧山河上樟树下村

俞氏宗祠　古邦堂

俞氏古邦堂支祠位于杭州市萧山区河上镇樟树下村。该宗祠始建于明中后期，民国初曾予修缮一次。20世纪60年代中，被改作村文化教育场所，“文革”期间并为河上小学。

古邗堂
二〇一八年立
樟樹下千年傳古邗祠根奕葉發
周王後七星照分荊堂枝三一始

本支俞氏属暨阳次坞俞氏古邗堂大宗祠分支，由该族十一世祖仲二公，讳仲德，迁入本村，公遂为本村俞氏之始迁祖。族裔繁衍至今，已传30余代，立户为85家，总人口300余人。该村聚居人口，以俞、钟、谢、盛诸姓组成，约有百户人家，以俞姓为众。

该自然村落环境简洁古朴，影响颇大。村前曾有古时官道，旁伴以千年老樟，历史悠长，村后依托丹山，一泓清溪环村萦绕。现改03省道，一地通衢南北连系两县，一自楼塔越大黄岭而达富阳，一以穿过次坞镇而接壤诸暨。

改革开放以来，经村民委员会集体研究，为弘扬传统民族历史文化，组织筹建小组对本祠予以修复。村民纷纷自发捐资，筹建小组聘请能工巧匠，2016年施工，历经一年，于次年9月修复竣工。本祠经修复后，青瓦粉墙，坐北朝南，前后两进，气势宏伟，五开间平房，两侧连廊，正堂内设神龛，供奉历代祖宗牌位，建筑总面积达600余平方米。（俞尚明）

萧山楼塔岩上村

俞氏新祠堂　承志堂

楼塔镇岩上村，地处萧山南端，与富阳、诸暨一步之隔。村东北距楼塔镇中心 3.5 公里，东连大同二村，南接萧南村，西靠富阳常绿镇，北邻岩山村。该村坐落于岩山脚下，群山环抱，峰峦叠翠，茂林修竹，溪流穿村，环境优美，历史悠久。村区域面积约为 2.95 平方公里，域区山清水秀，地理环境优美，人居环境称佳，全村现有 491 户，总人口达 1564 人，以张、俞、楼三姓为主。

该村俞氏始迁祖俞松柏，原籍次峰，为次峰俞氏四府君之裔孙。诸暨次坞俞氏古邗堂大宗祠始迁祖三一公，生三子，长子行四府君，讳预，字定之。裔孙松柏公于明万历二十八年（1600）时，自本邑河上镇伟民村槐花树下，赴岩上村张家任塾师，后入赘于张家。其后裔归宗俞姓后，遂居于岩上前畈，繁衍成族，自二十一世起排行为“柏、士、永、伯、宏、凤、汝、（金、文）、昌、升”，至今已有俞姓家庭 243 户，总人口达 950 人。本村另外亦

有一支俞姓，自诸暨市次坞镇上俞村原籍迁入，为27户，总人口达84人。

清光绪二十年（1894），俞氏承志堂宗祠由第二十八世锡魁、锡元、锡堂、宝善诸公倡立，历时三年方始建成，宗祠匾额曰“承志堂”。该祠坐东朝西，背靠仙岩山麓，面对百药群峰，建筑为两进五开间。正堂五间，居中上悬“承志堂”匾额；正中三间设置奉祀历代祖宗神龛，下置“二十四孝”图；大门中穿堂内设万年戏台，上悬“声色化民”匾额；立柱遍挂族人书写楹联，整体建筑雕工精细华美。

2012年，由岩上村党总支、村委会提议，村民代表会议通过，俞氏族人耗资人民币70余万元，按照古建筑“修旧如旧”修缮原则，对该宗祠予以修复原貌，至2013年末竣工。（俞尚明）

萧山义桥云峰村

俞家俞氏祖堂　诒燕堂

义桥镇许贤云峰村俞家，地处风景秀丽的钱塘江南岸，萧山西部。云峰村原属许贤乡行政管辖，今由俞家、邵家、南坞三个自然村合并组成。该村地域面积约为2平方公里，山清水秀，地理环境十分优美。交通便捷，建有一流标准山区公路，离杭州绕城高速公路义桥出口处约6公里，距杭州市区约20公里。全村共有耕地929亩，

山林面积 2946 亩，其中毛竹林 1250 亩。辖区 20 个村民小组，676 户家庭，总人口达 2109 人。

据民国三十七年（1948）所修《萧邑六都俞氏诒燕堂宗谱》记载，该族至善公为暨阳次坞俞氏古邗堂大宗祠始祖三一府君孟仁公第十七世孙，于明时自河上白燕“诒燕堂”析分，迁居于萧山县六都南坞青山下，公是为萧山六都俞氏诒燕堂宗祠之始迁祖。俞氏该族居于斯地后，繁衍后裔析分为五房、六房、八房三支，系传已达第三十四世，现约有 100 户家庭。

清康熙二年（1663），该族创建萧山六都俞氏诒燕堂宗祠，清咸丰十一年（1861）九月，在太平天国战争中被焚毁；至清同治、光绪（1874—1875）间，曾在原址重建，并将宗祠拓展，筑成为五开间平房。

民国三年（1914）冬，其祠又被毁，宗祠执事其发、荣林、荣庄公等，拟修建其祠未果。直至 2007 年 8 月，俞氏族裔正昌、孟然、春根、孟林诸君首事，集资人民币 15 万元，重建该祠于云峰村俞家 110 号内。现建筑为三开间平房，砖木混合结构，祠内中间上悬“诒燕堂”匾额，匾下设置下悬式神龛，用于安放历代祖宗牌位。（俞尚明）

诸暨次坞新村

俞氏宗祠　中和堂

暨阳次坞俞氏源溯唐季，唐天祐三年（906），天下大乱。因寇乱抽丁避役，兄弟三人易姓更名，背井离乡，徙居他方。长子孟仁守宗姓，更名德性，留居浦江；次子仲仁，更名德声，迁浙龙游；幼子季仁，更名德音，迁浙越治。长子孟仁娶浦江义门郑氏，生三子，长预、次顺、幼灏。孟仁自浦江复迁萧山大坞后（今楼塔镇路下院村），其后预、顺、灏三子析分；次子顺徙居暨阳次峰（即次坞），是为暨阳次坞俞氏大宗祠古邗堂俞氏之始迁祖。

暨阳次坞俞氏大宗祠古邗堂族裔俞泾，第九世，行贵三，字本清，号廉斋，南宋淳熙二年（1175）詹揆榜进士，累官至工部左侍郎。器识浑厚，性嗜诗书，治行廉明，家传清白，魏鹤山（名了翁）称其为“东南良玉”。朱熹（紫阳文公）又与泾为同榜进士，义同道合，曾为公卜地葬亲，又颜其堂曰“中和”。至清康熙四十年（1701），本宗俞氏族人方始构建宗祠主堂。祠竣，奉祀先祖俞泾，以尽孝思，遂以先祖之遗“中和”二字额以堂名。中和堂，今坐落于现诸暨市次坞镇次坞新村内。

清乾隆五十六年（1791），中和堂修葺改建，外设照壁，大门前置栅栏，配中厅五楹，前厅七楹，夹室前后，置为六楹。清乾隆六十年（1795），又增建寝宫七楹，及穿堂暨夹室各为三楹，寝宫置长阁环周以安妥神主。阁下有泉一泓，冬夏不竭，以暗沟引出阶下，汇成两池夹穿堂而左右。至清嘉庆二年（1797），宗祠方始竣工，建筑面积达 1534.82 平方米，新旧建筑总面积相加约达 2428 平方米。

中华人民共和国成立以来，为发展教育事业，祠内兴办过小学。本祠历经风雨沧桑，以致大部分建筑被移作他用或被拆毁，仅存的前厅亦由村委会改作办公场所，所幸原祠地基仍予保留。2017 年，次坞镇人民政府对古村落实施保护工作，本村亦被列入为重点整治对象，其中重修中和堂是重点项目。村两委会领导主动筹资集款，本族裔孙积极参与，花费人民币 410 万余元，历时一年半方竣工。重修的宗祠与原貌基本相符，为古村增添了历史记忆和壮丽景色。（俞尚明）

诸暨次坞溪埭村

俞氏宗祠　孝思堂

次坞镇溪埭村俞氏，为暨阳次坞俞氏宗祠“中和堂”分支。建有暨阳溪埭俞氏宗祠，堂名曰“孝思”。

中和堂祖贵三公，次坞俞氏第九世祖，讳泾，字本清，号廉斋。登宋淳熙乙未詹骙榜进士，累官至工部左侍郎，考公器识浑厚，性嗜诗书，治行廉明，家传清白，魏鹤山称公为“东南良玉”，朱文公熹与公同榜进士，义同道合，为公卜地葬亲，又颜其堂为“中和”。贵三公，娶董氏，诰封夫人，生二子，长忠一，幼忠五。溪埭俞氏为贵三公长子，忠一公派。《家谱》记载：忠一公，讳伯恭，国学上舍，为本村（次坞）、元坞、溪埭各派之祖。公娶谢氏，生二子，长恺三，幼恺七。

次坞俞氏传至十六世，讳滔，行羲二十六，明正统元年（1436）十一月十五日生，娶杨氏，生五子，长仁十九、次仁二十七、三仁四十四、四仁五十一、五仁五十五。羲二十六公长子，行仁十九，讳柍，明景泰四年（1453）三月二十六日生，《家谱》载公生长次峰，至中年移居溪埭。

孝思堂初建于明天启年间（1621—1627），三进五楹，占地面积1233.6平方米，清乾隆三十一年（1766）重建。之后，历经修缮，保存完好。溪埭村常居人口2000余人，族大丁繁，是次坞镇第一大村。外出人口居上海、杭州较多，其他散居于全国各地乃至海外近千人。

溪埭村共有三个俞氏宗祠，除“孝思堂”外，另有开宪堂、敦厚堂。开宪堂规模较小，主祀次坞俞氏第十三世祖清二公，现存正厅，两厢已倾塌。敦厚堂为溪埭村俞氏第十九世祖臧十六公（讳文惠）筹资建造，现为诸暨市文化局文物保护单位。

清光绪三十四年（1908），溪埭俞氏宗祠办起学校，俞秀松先烈幼年曾在这所学校里受到良好的教育，为后来走上爱国救民的革命道路奠定了基础。

2010年4月，村党支部、村委会决定，全面修缮“孝思堂”，投入40余万元，使祠貌焕然一新。村两委办公室设在后厅，前厅为村老年人开展文体活动的多功能厅。（俞尚明）

萧山楼塔岩岭山

俞氏宗祠　延庆堂

岩岭山村位于楼塔镇南端偏远岩岭山区，由伊家店、岩岭山、余元坞三个自然村组成一个行政村，行政隶属于萧山区楼塔镇。村落四周青山环抱，秀峰环崎，中流清溪，环境幽僻而宁静。全村地域面积约 3.2 平方公里，其中山林面积约为 566 亩，可耕地面积约为 320 亩，风景秀美，交通便利。

据 2007 年俞氏重修《萧山楼塔俞氏延庆堂宗谱》记载，明嘉靖二十三年（1544），暨阳次坞俞氏宗祠中和堂族裔十八世祖行泰五十二公（讳本平），为便于管理田产，从暨阳次坞迁居萧山楼塔岩岭山庄，卜地而居，称曰“岩岭山村”。公为徙岩岭山俞氏之始迁祖，娶暨邑十都杨氏女，生一子明发，至今相传已至十六世次。

清咸丰（1851—1861）年间，岩岭山俞氏二十六世祖维赞公在村口修筑宗祠三楹。至清咸丰十一年（1861），该祠遭兵燹被毁。延至清光绪三十年（1904），裔孙广富、文富、祖富、银镐诸公，纠集俞氏族裔重建宗祠，众皆乐从，纷纷捐款，更有喜九十五公捐助地基二间，发先公捐助地基一间，前后历时三年，方始竣工。宗祠筑造正厅五间，颜其名曰“延庆堂”。

1962 年，村出资为宗祠配套扩修，曾由俞氏族裔汉中负责，为该祠增建万年台和西房五楹，并将原东向大门改建为南向大门。至 2007 年，宗祠原存古迹遭毁，建筑亦因年久失修，北首二间房屋倒塌。是年俞氏族裔伟康、信云、焕堂、亿成、宝中、介一、才康、永成诸君首事续修该族宗谱，同时安排修缮宗祠部分建筑，及增建“延庆堂”工程。2014 年 8 月，俞氏族裔雪才、才康、吾康、仙法、宝中、信法、信云、彩成、建恒、定祖、子江、其茶、雪仁诸君，为保护青山绿水、大自然生态环境，恢复古村落、古建筑原貌，遂募捐筹资，对本村古迹和宗祠建筑予以全面整治，经整治后该祠已被列入市级文物保护单位。（俞尚明　俞才康）

诸暨次坞珠桥村

俞氏宗祠　敬和堂

诸暨市次坞镇珠桥村，原名“珠稼坞村”，后因与丁桥村合并，故改名为“珠桥村”。现有家庭456户，总人口为1416人。

珠稼坞俞氏一族，派系属暨阳次坞俞氏宗祠中和堂之析分支。十六世，讳滔，行羲二十六，娶杨氏，生五子，长子俞槙，第十七世，行仁十九，生于明景泰四年（1453）三月二十六日，于中年时移居溪埭村内，羲二十六公是为斯地暨阳溪埭俞氏宗祠孝思堂之支祖。明万历间（1573—1620），溪埭俞氏后裔俞敬长，第二十二世，行殷七，由该村徙居於本邑珠稼坞村，是为本村俞氏之祖。

敬和堂创建于清乾隆三十四年（1769），位于珠稼坞村口，坐北朝南。宗祠建筑结构为五楹三进式，面积1200平方米。前厅设有万年戏台一座，后厅为寝堂；中厅及后厅穿堂贯以天井，两边有为2.7米×1.9米水池各一；水池四周设石板扶栏，四角柱头雕有30余厘米高度之石狮；宗祠整体雕梁画栋，美轮美奂。至清道光十九年（1839），其祠又经族人再度增修，一再苦心经营，致使庙貌精严。至清咸丰十一年（1861），毁于兵燹。清光绪五年（1879）秋，宗长俞琴召集族人共议，按丁及田产捐资，族人纷纷踊跃参与，遂得以兴工重建。清光绪九年（1883）冬，工程告竣。

中华人民共和国成立以后，在诸暨市第三次文物普查中，曾将暨阳珠稼坞俞氏宗祠敬和堂登记在册，但疏于管理，宗祠于1996年5月遭回禄，前厅及万年戏台被毁，仅存中、后两厅而已，面积600余平方米。2008年，俞氏族人发起续修家谱，议及宗祠事，遂将宗祠仅存建筑修缮一番。宗祠修缮后，大门上悬“俞氏宗祠”匾额，中厅正中上悬“敬和堂”匾额，大门旁左右楹联，题曰：“传承遗产是文明国度之本；团结宗族乃和谐社会之基。”

2018年，经次坞镇人民政府规划立项，投入专款人民币70万元，将宗祠改建成文化礼堂。经整改后之宗祠，内外面貌焕然一新，祠内陈列本地历史名人及其事迹。又陈设乡村农耕时代生产、生活用品，使宗祠原有历史优秀传统承传内涵与新时代观念相互融合，与时俱进，发挥各自功能，促进美丽乡村文化建设。（俞尚明）

俞氏宗祠
珠桥村文化礼堂

俞氏宗祠
敦和堂
传承道德是文明国度之本
宗族团结乃和谐社会之基

诸暨次坞大塘村

俞氏宗祠　永和堂

永和堂坐落于诸暨市次坞镇大塘村内，该祠族系暨阳次坞俞氏宗祠中和堂析分支。其族裔俞德孝为第二十世，字心劬，行雍十六，生于明隆庆六年（1572）十月二十一日，卒于清顺治八年（1651）八月十九日，因兄弟三人析分，迁居于本镇浑水塘头（今与李山阁及四面店合并为大塘行政村）。德孝公为暨阳大塘俞氏宗祠永和堂之始迁祖。

该祠创建于清乾隆二十年（1755），建筑结构总面积约为630平方米，为二进五楹平房，左右二侧庑厢，前厅设一戏台，正厅居中上悬“永和堂”匾额，大门上方悬挂“俞氏宗祠”匾额，左右楹联，上曰：“全家福孝子慈孙”，下曰：“满门贤荣宗耀祖”。

民国初期，俞成吾公时任诸暨县教育局局长，为发展教育事业，公与族内贤达商议，利用宗祠场地兴办学校，众皆赞成。在宗祠内兴办的大塘村小学，培养众多的优秀学子。中华人民共和国成立后，遂将该村俞氏宗祠改办为小学校舍，以供附近村民子弟求学。其后又将宗祠改作厂房。2006年，堂内族裔筹资30余万元，将本村俞氏宗祠予以全面整治修缮。

2011年，该村俞氏宗祠被改造成为村级文化礼堂，内设农村各类专业技术培训学校，集党史、国史普及教育，开展群众文娱、体育活动于一场所。（俞尚明　俞国苗）

節
廉

忠
孝

诸暨次坞明庄村

俞氏宗祠　敬爱堂

诸暨（暨阳）次坞明庄俞氏宗祠论贻堂一支，为暨阳次坞俞氏宗祠敬爱堂之祖俞渭（第九世，行贵五，南宋恩贡，授中书舍人）支下分派。其裔孙俞谦，第十二世，行聪一，生于元皇庆二年（1313）十二月二十七日，娶徐氏女，生二子，长澄五，次澄十二（名虎），兄弟析分各自立祠。

俞谦次子俞虎，第十三世，行澄十二，生于元至正十年（1350），生二子，长俞[illegible]，第十四世，行文八，明永乐中应征辟从事，时值黎利叛，授交趾督响副使，忠于王事；次俞锿，第十四世，行文十一，明南京吏部

主事，诰封承德郎。俞锿生五子，长子俞僩，第十五世，行虞十九，生于明永乐元年（1403）三月二十七日，明宣德八年（1433）曹鼐榜第二十八名进士，任南京吏部验封司主事，转擢太仆寺丞，汀州府知府。其裔孙迁居于明庄村双塘头（今属诸暨市次坞镇白马新村），是为斯地俞氏之祖。

暨阳次坞明庄俞氏宗祠论贻堂位于诸暨市次坞镇白马新村明庄自然村内。宗祠建造于明万历二十六年（1598），堂名“论贻”，俗称曰“独木堂”（因专用一种木料构建）。该祠为二进五间平房，前厅设置万年戏台，后厅寝堂，左右两边分设庑厢，中厅上悬粉红底色黑字“论贻堂”匾额，二步梁上设一“大树尊神”享座（祠基原有大树被毁，族祖许以祠成享祭）。占地面积约 500 平方米。

中华人民共和国成立后，该祠被移作他用，但因管理不善，虫蛀漏水，面临倒塌之危。2009 年，时任村长俞氏族裔奎云君首事，洛桥、国林父子率先捐资，族人踊跃赞助，集资人民币十余万元，将宗祠修缮竣工，使庙貌重光，功能恢复。

本次修缮后，因论贻堂是次坞敬爱堂的支派，故在祠堂内悬挂“敬爱堂”的匾额。（俞尚明）

诸暨次坞虎哨村

俞氏宗祠　承烈堂

诸暨（暨阳）义源虎哨俞氏宗祠承烈堂派属暨阳次坞俞氏敬爱堂支系。其祠坐落于诸暨市次坞镇义源村虎哨自然村内中心位置，坐北朝南，祠前有500平方米左右之平整空旷场地。

暨阳次坞俞氏敬爱堂之祖俞渭（第九世），行贵五，南宋恩贡，授中书舍人，娶张氏女，诰赠安人，生三子，长行忠六，次行忠八，幼行忠九。俞渭长子名伯忱（第十世），行忠六；娶郭氏女，生一子，名俞禧（第十一世），行恺十。俞禧娶孟氏女，生二子，长行聪一（第十二世），幼行聪三（析分为惇裕堂之祖）。行聪一之

长子名龙（第十三世），行澄五，生于元至正五年（1345）十一月十四日；其曾孙名士端（第十六世），行友三十五，是为析分虎啃俞氏承烈堂之祖。

虎啃俞氏承烈堂第二十五世裔孙，名德寅，字天球，为暨阳次坞俞氏敬爱堂祠祖，聪一公长子，澄五公派系，生于清乾隆二十三年（1758），公卒时曾留有余资，立嘱曰："日后，五十八公兄弟五人，须将此资用作构筑宗祠，以尽吾志。"众皆合力同心遵嘱，遂于清嘉庆年间（1796—1820），建成宗祠，堂名曰"承烈"，总建筑结构为二进五楹，东西两侧看楼各三间，前厅内设一万年戏台。其祠建成后，列代族裔切实维护，一遇漏损，随时修缮，乃使祠貌常新。

中华人民共和国成立后，因疏于管理，导致宗祠年久失修，濒临倾圮。1981 年，族人方始提议修缮，于是集资修缮。至 2012 年 9 月，又由族人俞来法、俞灿忠，及丁炳辉等诸公首事，集资人民币 25 万元，于原址改建其祠（原戏台因作用不大而未建）。竣工后祠貌焕然一新。（俞尚明）

诸暨次坞新村

俞氏宗祠　惇裕堂

诸暨（暨阳）次坞俞氏宗祠惇裕堂位于诸暨市次坞镇次坞新村，俗称“里祠堂”。该祠尊俞济，第十二世，行聪三，生于元延祐五年（1318）八月初九日，娶孟氏女，生四子，长澄一，次澄三，三澄八，幼澄十三，为析分支祖。

暨阳次坞俞氏宗祠惇裕堂其族系出暨阳次坞俞氏宗祠中和堂次峰正派世传之祖俞用之（第八世，行万七，南宋诰封正奉大夫，正治卿）后，用之公娶张氏女，生二子，长俞泾（第九世，行贵三，字本清，号廉斋，是为析分暨阳次坞俞氏中和堂大宗之祖），幼子俞渭（第九世，行贵五，南宋恩贡生，授中书舍人，娶张氏女生三子，长行忠六，次行忠八，幼行忠九，是为析分暨阳次坞俞氏敬爱堂小宗之祖）。俞渭之子伯忱（第十世，行忠六，娶郭氏女，生一子禧），伯忱之子俞禧（第十一世，行恺十，娶孟氏女，生二子，长行聪一，次行聪三）。俞禧次子俞济（第十二世，行聪三，生于元延佑五年（1318）八月初九，娶孟氏女，生四子，长澄一，次澄三，三澄八，幼澄十三），是为暨阳次坞俞氏敬爱堂世系析分暨阳次坞俞氏宗祠惇裕堂之支祖。

本支俞氏立祠，始于明嘉靖时，由其族裔俞宗伯（第二十世，行统十八，由明南直吏部考授宣议郎）首捐己业，召集族人共同商议拟建宗祠，与行统三，行统二十一，行统十一，行统九，行统四，行统十二等众堂兄弟辈，遂共襄成其事。宗祠落成，初仅正厅两廊。继于清乾隆二十年（1755），由外戚之骧公纠合祠内子裔续以成立。全祠三进五楹，前厅设置万年台，中厅正中上悬“惇裕堂”匾额，后厅设置寝堂，总建筑面积约 956.3 平方米。

1956年9月初，前厅遭火灾被焚。后厅亦因年久风雨沧桑，失于维修，继而坍塌。仅存之中厅，亦被移作他用，幸保存完好。2003 年，因长期未经维修，风霜雨雪浸蚀，屋顶漏水。次坞新村管委会发起牵头，耗资人民币 5 万余元，将其修缮一新。2016 年，经浙江省人民政府批准，本村被列为历史古村落保护单位；次年，全面启动古村落保护修缮工程，本祠亦被列入修缮项目。经修缮后，前厅戏台按原貌恢复，宗祠面貌焕然一新。（俞尚明）

诸暨次坞璇山下村

俞氏宗祠　永锡堂

明正德十五年（1520），诸暨（暨阳）次坞俞氏惇裕堂之祖俞济（第十二世，行聪三）之裔孙俞枋（第十八世，行宁二十七），卜宅本邑应店街镇璇山下，娶巽坞郦氏女，是为斯地始迁祖。清顺治十七年（1660），其族裔俞承德（第二十一世，行缥三十八）创立祖堂，仅为前后二楹各三间，堂号名曰“永锡”。至清嘉庆二年（1797），其族裔俞国元（第二十四世，行维五十八，号渔山老人、乡宾）追远先祖宫室未妥，春秋祭尝奉祀未安，为承先贤遗托，集族人商榷，重立宗祠，众皆同示，以尽慈孝之心。公遂偕族人宏元、宏基（太学生）、宏纲、正谟（乡宾）、正诚、有进、大有（介宾，恩荣冠带）、大受诸君董其事，阖族男女老少纷纷献金捐款，期间诸公经营筹划，不辞辛劳，竭尽全力，历时十四年，于清嘉庆十六年（1811）闰三月，重立占地600余平方米的大宗祠。

永锡堂面朝西北向次峰祖地。建筑为前后二进五楹砖木结构平房，前厅建一戏台；左昭右穆，装饰工艺精美，寝堂神龛缕空全雕二十四孝图案（清同治元年毁于兵燹）；整体建筑气象轩昂，高大挺拔，雕梁画栋，庄严肃穆。

20世纪50年代初，宗祠被改作学校使用。20世纪70年代中，农业生产队将其改建为仓库，拆除前厅和戏台，后厅改办为大队（村）农机厂，遂至断垣残壁，满目疮夷，只剩下破败不堪的三间后厅。至2008年，暨阳璇山俞氏宗祠永锡堂举族续修家谱；又于2013年6月，众议修葺宗祠；由裔孙文春（第三十世），信苗、杨月珍（女）、关校、勤方、信校（第三十一世）诸君担纲；全族宗人及姻亲鼎力相助，慷慨解囊，同舟共济，齐心协力。于2014年底工程告竣，宗祠庙貌重光。

修葺之后的永锡堂仍为两进五楹平房，建筑面积近600平方米，耗资百万。宗祠造型复古，精雕细琢，气势宏伟。外形气象更新，内堂肃穆整洁，匾额、楹联、碑记配置俱全。文化氛围浓厚，既富传统风格，又俱时代特色。（俞尚明　俞咏春）

富阳湖源窈口村

俞氏宗祠　惇裕堂

富阳窈口俞氏一族，上祖暨阳次坞惇裕堂俞氏，第十二世聪三公，讳济，字允升，生于元延祐五年（1318）八月初九日，卒于明洪武二十七年（1394）正月二十四日。娶孟氏女，生四子，长澄一，次澄三，三澄八，幼澄十三。澄三公次子文十，讳軏，赘居诸暨湄池长澜村，配吴氏。文十公曾孙（次坞俞氏第十七世祖）行荣六，讳立，由长澜迁居富阳县十四庄永丰乡第七堡，土名杳口。至今已繁衍45户人家，总人口217人。

窈口俞氏宗祠位于该村俞家长潭头，建于300多年前，是该村仅存的宗祠，保存基本完整，作为传统宗祠建筑样本，亦具较高历史文化价值。

该祠建筑为砖木结构，西北朝向，前有天井，后有三间厅堂，占地面积约500平方米。祠内供奉俞氏祖宗牌位。（俞乃福）

金山俞氏宗祠

金山俞氏宗祠脉系世代简图

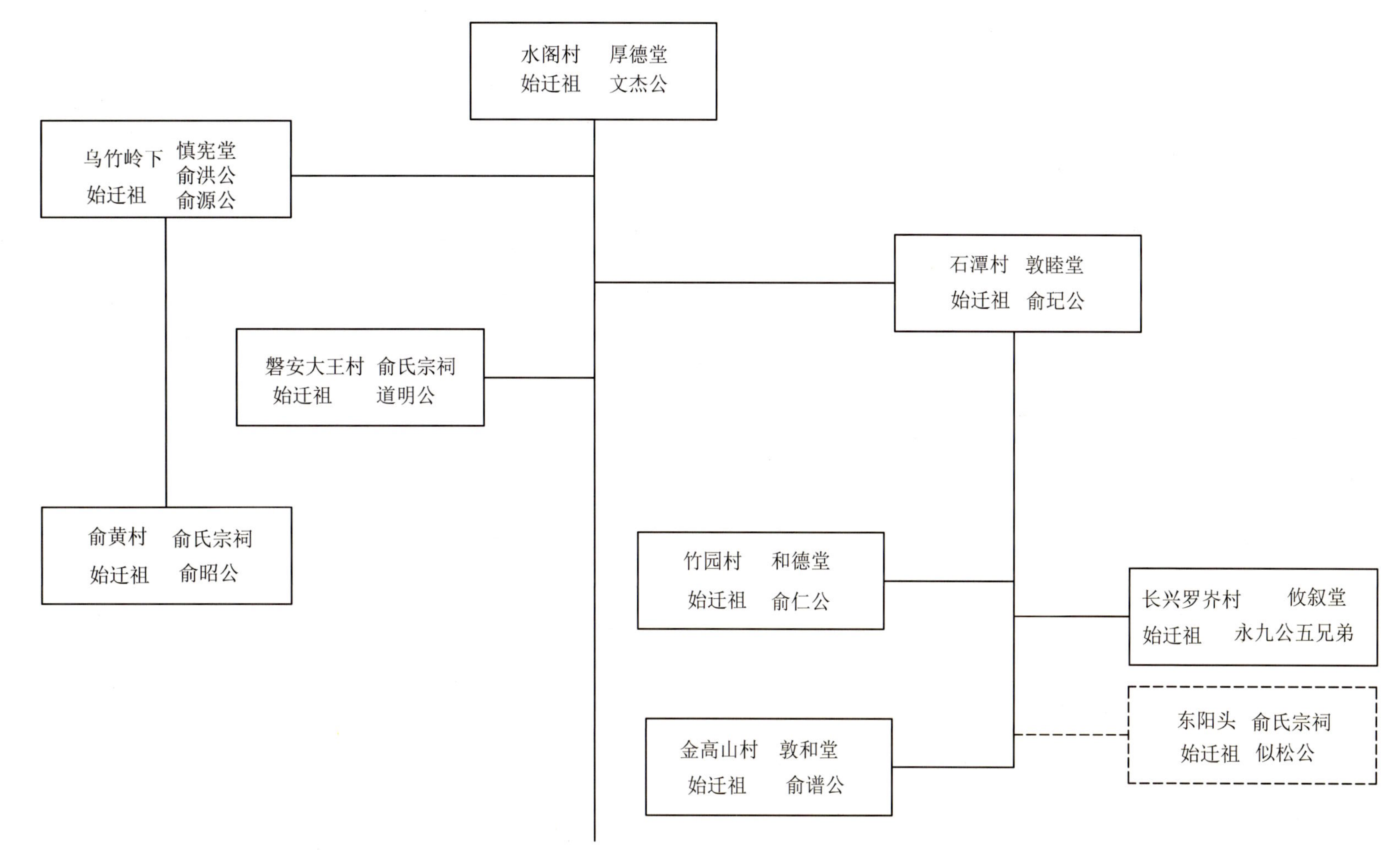

注：据东阳头俞氏宗谱记载，温州瓯北东阳头俞姓宗亲迁自东阳，但是至今无法确定迁自何处，现在暂时放在金山俞氏名下，待以后考证确定后再补正。

东阳巍山水阁村

俞氏宗祠　厚德堂

东阳市巍山镇水阁俞大宗祠，始建年不详，听老辈口传，宗祠始建于南宋末期。乾隆年间重修《金山俞氏宗谱》记载：清乾隆八年（1743）七世祖俞伯璩迁水阁，建祠前庙后寝，完后遭兵燹。至乾隆八年间，世孙国宾、国元、国泮、国璇、国田、正镕、正美等重建，而祀产甚微，蒸尝之资难以悉备，尚待贤子孙充扣，厥后正南、正美、正亮等念祖德，起孝思，将宜十四公田捐三亩，正美又捐己田三亩余以充祭祀，今宜十四公子孙士瑞、士瑛、士玺、士球等复承先志，捐常银二十两，世孙正千亦勇跃兴起，助田五亩余。由于种种原因，宗祠于 1986 年被拆，原址被占用，建造新房。

水阁村是位于东阳市巍山镇的一个中型村落，是金山俞氏的发祥地，东阳石潭、乌竹岭下，盘安等地俞姓和水阁俞姓均为同宗同族。金山水阁成了金山俞氏后裔子孙心中的圣地，每年均有各地俞姓同宗前来祭祀祖先。此村现有农户 326 户，1000 多人口。（俞卫荣）

厚德堂

东阳巍山乌竹岭下村

俞氏宗祠　慎宪堂

乌竹岭下俞氏宗祠慎宪堂，坐落于巍山镇乌竹岭下村。南宋初，跟随宋高宗南渡的俞文杰，在江南道监察史任上退休。为了探访老朋友，俞文杰公来到了东阳。见东阳山川俊秀，民风朴实，于是就定居今横店八面山附近。不数传，其子孙散居东阳城内、金山水阁等地，逐渐成为东阳屈指可数的大族之一。南街俞氏是南宋时期东阳城内“东李、南俞、西乔、北杜”四大姓之一。金山水阁俞氏鼎盛时有“十三宅”之称。俞葵、俞仲鳌叔侄分别考中南宋景定三年（1262）、咸淳四年（1268）武状元，或通判静州，或刺史南京，恩荣一时，文天祥对俞仲鳌有“取先右级、文气甚高、风范端凝、可占远业”之赞。可谓累叶簪缨，世济其美，华声文物，蔚为名族。

东阳乌竹岭下俞氏，出自俞文杰七世孙俞洪、俞源，迁居时间当在南宋嘉定年间（1208—1224）。虽然其后裔仕宦等情况不能与俞氏其他支系相提并论，但在清代晚期也出了一个以《月椒草堂诗钞》而闻名于世、名垂东阳历史的俞凤冈，吴希曝撰写的墓志铭称，歧嶷聪慧的俞凤冈，千言文章洋洋洒洒顷刻而成，书法宗董其昌、赵孟頫，端庄刚健。因屡次失利于科举之试，于是绝意仕进，以陶成后学、教育子弟为己任，主师席东阳、诸暨、绍兴等地的书院。“课读之暇，或律或古、或歌或咏，惟兴所至，摇笔辄就，言皆雅句，极工整”。在绍兴期间，“泛镜水，登珠山，临修禊之亭，履浣纱之石，探藏书于宛委，访遗迹于岣嵝，所睹万壑争流，千岩竞秀，凡目不暇接之处，一一发以诗”。绍兴知府闻其名，索其文稿阅读。俞凤冈乃自定诗稿，辑成《月椒草堂诗钞》

六卷以呈。清咸丰、光绪年间，俞氏受业门生两次集资，镌刻恩师诗稿，并请当时东阳籍重臣吴品珩序其书，吴称且“诗发于情，根于性”，“隽逸超旷，卓然成家”，评价颇高。原书现珍藏东阳市博物馆，并入编《东阳丛书》《金华丛书》，成为古代东阳留存不多的珍贵地方文献。

明代末年，乌竹岭下俞氏鸠工集资，相地度势，始建宗祠。清咸丰三年（1853）因旧祠狭隘卑陋，俞氏族人再次集资合力，重建宗祠，扩大建筑规模。不数年，遭遇战乱，咸丰十一年（1861），新宗祠毁于战火，焚烧殆尽。同治年间，乌竹岭下俞氏不得不计丁募捐筹资，于旧址重建宗祠，为栋为楹，甃石为阶，并置祀田若干，供族里童稚求学应试等费用所需，充分发挥宗祠联宗敦族之功能。

现存的俞氏宗祠慎宪堂坐东朝西，前厅、正厅、后堂组成“日”字形的平面布局，正厅与后堂之间用穿堂连接，前厅面阔三间，明间抬梁式构架，五架梁，前后双步廊，悬挂着重新制作的“环翠二轩”匾额，次间抬梁式、穿斗式混合，饰人物牛腿，花篮式鼓形柱础，正厅面阔三间，明间抬架式，五架梁，悬挂着重新制作的“叔侄状元”“中宪大夫”匾额，前后双步廊，次间抬梁式穿斗式混合，饰人物故事牛腿，雕梁画栋，颇为精致。花篮式威形柱，三间穿堂抬梁式结构，饰S形牛腿，花篮式鼓形柱础，后堂面阔三间，明间抬架式结构，五架梁，悬挂着重新制作的“慎宪堂”匾额。前后单步廊，次间抬梁式、穿斗式混合，后檐柱与后金柱间安置祖先神主处，用木雕花板隔断，饰S形牛腿，花篮式鼓形柱础。

2008年在有识之士的倡议下，村民筹资维修，更换了腐朽的木柱梁架，油漆了所有的梁柱檩枋，配了堂灯，古祠面貌顿时改观。作为传统宗祠，前堂、后寝乃是基本布局。但从东阳保留的大多数宗祠来看，安放祖先神主的后寝（后堂），也像正厅一样开放畅通，虽然保持了传统风貌，但淡化了庄严肃穆之感。俞氏宗祠恢复了后寝的原来模样，庄严肃穆，让人重睹传统宗祠前堂、后寝的传统气象，真正继承了历史传统文化。（楼天良）

东阳歌山石潭村

俞大宗祠　敦睦堂

石潭村，位于东阳市歌山镇，北峙龙山岗（金山），南临东阳江（练溪），东接鹿山（鲶台山），与五庄、大里村相邻，西至海螺山，与有愚公移山村美称的积塘坞为伍。所在区域是一片肥田沃土，阡陌纵横，鸟语花香，人杰地灵。东有鹿山作屏，南有练溪可渔，西有沃土可作农桑，北有金山可伐薪，是理想的安居乐业之地。

石潭原名石川，村名源自鹿山（今鲶台山）的鹿山渊贯村而流，而鹿山东面开洲义渊绕村向西流，此两渊流过村后在村西皆汇入东阳江，三流合一川，俯视如“川”字，故得村名。

石潭村敦睦堂俞大宗祠，始建于南宋末期。《东阳俞氏宗谱》卷之十六《世传十一》载：“族之有庙，所以安祖考、序昭穆、别长幼也，俞氏石潭自福州刺史延宝公俞玘（1238—1317）卜居于兹，肇有祀祠，奈代远年湮，风雨浸蚀，木石未免朽蠹，乙亥岁遂为风伯所偃，辛丑春祀事告毕。”据此推断，宗祠建造年代为南宋末期，距今已经有750多年的历史了。《东阳俞氏宗谱》卷之十九《世传三四》记载：“道光十九年（1839），宗祠被龙风吹到，又因洪水逼冲，谋欲新造，须必别行择基，资费浩大，常产微薄……族中之老成者念祠宇之颓圮，痛先灵之无依……予辈其各起水源木本之思……众皆翕然乐从，于是决意更创，卜基于旧庙之东数十步，厥土燥刚，厥位面阳，峙于北巍然而特立者龙山也……不愈年而新庙奕奕，名之曰‘敦睦堂’。”《东阳俞氏宗谱》卷之十九《世传上》还记载：“道光二十一年（1841），我族嗣孙恺桂等自愿将洪十三遗下基地一处，土名坐落第十三分，厅后北至墙脚，东至厅后古墙脚，西至圣辉迪富滴水，南至国琴为界，四至分明，出助于富一太公，竖造大宗祠。”据此推断，现在祠乃清道光年间重修，一直延续至今。大宗祠前厅后堂，穿堂相连，工字型布局。由门前月塘（水池）、广场、大门、围墙、天井、辅助用房组成，布局合理、规整，风格典雅简朴，典型的明清建筑风格。后堂楣枋挂匾书“行台御史”四个大字。

俞大宗祠敦睦堂坐西朝东，位于石潭村老村的中心。俞姓若遇大事，就由德高望重的长辈打开祠堂门，召集族人在此议事决断。村里举办大型娱乐（如演戏）、迎龙灯祭祀，或婚嫁喜事等重大活动，也会选择在俞大宗祠里面举行，以显示隆重与喜庆，是全村的行政、娱乐中心，也是族人心中的圣地。俞大宗祠大门的门楣上书有“俞大宗祠”四个大字。由现代著名书法家俞氏四十三代嗣孙俞德明书写，端庄肃穆，里面门楣上还书有“河间世家”。1999年石潭村重修俞氏宗谱，对俞大宗祠进行重修，全部门楣油漆一新。祠堂左对面现建起了村办公楼和操场，正对面重新整修清理了月塘，疏通了鹿山渊，使月塘水质清净。

石潭俞姓属于金山俞氏下派，远祖为晋成帝时追赠征西大将军俞纵。《族谱》记载：据上世谱序，吾家由徽而迁，徽之汪口（现为江西婺源）由太原河间而迁。高祖（唐1）监察御史俞文杰（1055—1133），号惟善，别号镇山，河间长安人。北宋政和年间（1111—1118），文杰公随宋高宗南渡，致仕于婺，访寅友腾茂实至东阳，乐东阳山川风物之俊秀，遂定居乘骢乡禹山之下（现横店八面山），为东阳俞氏第一始祖。其子俞伦（虞1，二世祖），字仲仁，号金山，于宋建炎、绍兴年间（1130—1141）转迁金山水阁。俞伦三子俞献可（三世祖，南宋龙图阁大学士）之十三位玄孙各择地而居，称为“金山十三轩”。七世祖俞海（汉七公）被认为是石潭发祥之祖。俞献可玄孙福州刺史俞玘（1238—1317，九世祖）携子俞恪（1255—1326，十世祖）在南宋末年迁来石潭繁衍，是为石潭始祖，也为石潭中兴之祖，一直到现在。十三世俞仁迁居竹园，十五世祖俞如溢（1410—1499）因洪水浸基，旧家石川（石潭旧名）被淹，遂迁石潭，俞如潭（1440—1499）迁八都何家园。十六世祖俞文椿（1436—1482）、俞文模（1439—1501）迁泰里（现大里村），俞文槿（1442—1522）迁居木樨枣园。十八世祖俞谱（1491—？）迁金高山。石潭村现有500多户，1500多人，金高山、竹园、大里，塘下等村的俞姓都是石潭的分支。明朝末年，温州瓯北永嘉俞氏福公外迁，族众有数百人。更有族人永九、永十、永十三、十五、十七公五兄弟，为避战乱，从元末明初洪武年间，由祖籍地石潭迁之湖州长兴罗岕，衍有12支23代万人之众。

俞氏子孙崇文尚武，历史久长，民风彪悍。史料记载，南宋绍兴年间，先祖就在馒头山建有书院，称鹿山书院，“授学鹿山书院者，皆为时之名流”，是东阳当时比较有影响力的几大书院之一。村西田野至今还留有专供烧纸的石砌纸炉古迹，上书“蕉绿书残都入化，藜青读罢宛同然”“文光凌斗极，珠气焕天街”。早年间，村里常常开设有好几个拳坛，教授村民各式拳术、大洪拳、武松拳、林冲拳、少林棍等套路。练把式的村民早晚闲暇时节经常会独自或相聚一起练上几把，既强健了体魄，又灵活了腿脚。

“石溪西下水泱泱，湍急声闻百里长。风外乍疑鸣玉佩，雨中还似触珩璜。”练溪滚滚，涛涛西流，最后并入婺江，回归东海，犹如游子归家，叶落归根，终究回到大海的怀抱。俞大宗祠就是东阳众多俞姓子孙的根和魂，任你到天涯海角，根在这里，魂就有所寄托。（俞卫荣）

东阳歌山竹园村

俞氏宗祠　和德堂

俞氏宗祠和德堂位于东阳市歌山镇竹园村，据《东阳俞氏宗谱》卷之十九《世传竹园宗祠》记载：“兹其裔孙元芳萃镆寿二十五公十五世孙也，近缘总厅既建，喜举族之有依，而祠祭缺如，愧先灵之未妥，爰慨然议立家庙。众皆称善，相与经之营之，宵旦靡暇，伐木于山，运石于谷，不矜其能，不伐其功，和衷共济，得告竣，于光绪三十一年（1905），为栖神之堂……颜其堂曰‘和德’，殆取于和气致祥德泽孔长之义也。”由此推断，宗祠始建于光绪三十一年，距今已有近120年的历史了。

宗祠坐北朝南，前厅后堂穿堂相连，呈工字型布局。由于宗祠代远年湮，风雨浸蚀，年久失修，破旧不堪，1999年有村里有识之士慷慨乐助，重修俞氏宗祠，使宗祠能屹立不倒，先灵有依，祀事有基，功德无量。

据《东阳市俞氏宗谱》卷四记载：东阳俞氏由徽而迁，徽之汪口（现为江西婺源）由太原河间而迁。高祖（唐1）监察御史俞文杰（1055—1133），号惟善，别号镇山，河间长安人。宋政和年间，文杰公随宋高宗南渡，致仕于婺，访寅友腾茂实至东阳，乐东阳山川风物之俊秀，遂定居乘骢乡禹山之下（现横店八面山），为东阳俞氏第一始祖。俞伦三子俞献可（三世祖，南宋龙图阁大学士）之十三位玄孙各择地而居，称为“金山十三轩”。俞献可玄孙福州刺史俞玘（1238—1317，九世祖）携子俞恪（1255—1326，十世祖）在南宋末年迁来石潭繁衍，是为石潭始祖。十三世俞仁迁居竹园村。据《东阳市俞氏宗谱》卷之十九（世传三一）《竹园宗祠》记载：“从吾高祖寿二十五府君讳仁，自石潭迁居竹园，今近七百年焉。”据此竹园村的祖先是从石潭迁来的，700年前就选择在这里栖息繁衍。竹园和金高山俞姓同是东阳市歌山镇石潭村的一个分支，三个村俞姓乃同宗兄弟，同气连枝。据此也可以推断竹园村俞姓也属于金山俞氏，远祖为晋成帝时追赠征西大将军俞纵。

“天为东阳限南北，削出一朵清芙蓉。”“清溪水浅不容舟，两岸蒹葭白露秋。凉雨潇潇新涨绿，有人独钓小桥头。”这是清秀才吴振均描写的竹园村美景的诗，形象地写出了竹园村的地理位置和山川的秀丽风景。竹园村离南山只有半里许，群山起伏，成东西走向，像屏风似的横亘村前。近山，矮山围村成园，大自然给了竹园村以园林之美。难怪700多年前俞氏二十六世孙、寿二十五仁公独具慧眼看好竹园的秀丽山水，世事不宁之时，孤身只影地离开石潭祖居，乔迁于竹园回龙山下奠厥居。该村北与西宅村遥遥相望，东与上宅村接壤，西与五四村为伍。有187户居民，500余人口。村庄位于高山之上，交通不便，土地贫瘠，浇灌不易，稼穑艰难，和邻村比较，经济比较滞后，集体经济薄弱，村民主要是靠外出打工维持生计。但竹园俞姓有勤劳勇敢、善良俭朴、团结互助、通情达理的优良传统和良好的村风、民风。改革开放后，通过集资修路，兴办企业、学校，交通，村民生活条件大为改善。（俞卫荣）

东阳歌山俞黄村

俞氏宗祠

拱峰轩康鹤俞氏宗祠，位于东阳市歌山镇俞黄村内，始建于明洪武十一年（1378）。宗祠坐北朝南，中堂后堂相连。据《拱峰康鹤俞氏宗谱》载：康鹤村“头枕练溪，白沙近岸，近为大涂，斫薪远山；村民菑畬耕耨，稼穑艰难；读圣贤之书，相田陌之盈；衍有不易，继继承承；岁月流淌，治生有望。康鹤裔孙，继祖公不屈之性，顽强拼搏，肯堂肯构”，相继建起俞氏宗祠、永常厅、大台门及昌常厅等。宗祠建立后，屡毁屡建，由于年代久远，加上族谱里面也没有记载，已无法确认建于何时、几次重建。1999 年，重修一次。2018 年，康鹤村借被评为东阳市最美乡村的东风，将俞氏宗祠修葺一新，宗祠再一次焕发青春。

康鹤俞氏现属于俞黄村，该村共有三个大姓，康鹤村民姓俞，新厅村民姓俞，黄琠村民姓黄。其中俞姓占了 300 多户， 1000 多人。康鹤新厅村北临东阳江，隔江与石潭、大里村相望，东与楼西宅村相接，西和象溪滩村相邻，地势平坦，诸永高速、三七省道从村东口和西口绕村而过，交通便利。村南有阡陌纵横，门前畈三百田畴，村西南有梯田层叠，梅花湾后湾二百亩良田。南有肥壤可作农桑，西有山林可伐薪，北有东阳江可渔，是理想的安居乐业之所。村民日出而作，日落而息，与世无争，繁衍生息，至今已有 680 余年。

《金山俞氏宗谱》卷一记载：后世一派拱峰轩洪七世孙讳昭由乌竹迁十都地名康鹤。据此可以认定康鹤俞姓属于金山俞氏，发祥之祖为金山俞氏后裔俞昭公，时间上为元至正年间（1341—1370）。新厅俞姓与康鹤同宗，但其始迁祖约在清初入迁，与康鹤俞姓相差十几代，而分派也不同，属存仁轩。相传昭公从事筏业运输，常停宿寄筏潭附近。见寄筏潭周围一马平川，东边有一大片高地，西边杨树林连片。左谷峰、扑金岩，右桃尖、李岭，梅花湾、后湾水源充沛，稼穑无忧，适合立基，遂开基定居。因地处较低，乡邻俗称村名为“勘下”（坎下）。谱称“拱峰轩康鹤”，爰改村名，称“康鹤村”。

清康熙年间（1662—1722），新厅俞姓世盛公自西田迁至康鹤。凭勤劳双手，待人和善，吃苦耐劳而得以立足。并以自身言行，教儿孙辈以理服人，以诚待人，以善为人，历数代而成家业。至第五代孙永璘公、永玠公，六代孙标珍公，三公并力，全族齐助，建成二十四间前厅后堂之华丽新厅。然建成后不久，即被侵华日寇烧掠成残砖断垣，面目全非。

中华人民共和国成立初期，三个自然村合并，取村名为“俞黄”，俞黄两姓村民世代友好相处。如今高楼林立，道路硬化，四通八达，山清水秀，塘澄溪净，环境优雅，围溪改田建厂房，已成工业新区，村内主干道东溪大道及平行的新厅大道、黄琠大道、康鹤大道，直通诸永高速路口。寄筏潭围填造新房，渐成新居。村民搬进亮堂堂的新房，行走在干净整洁的路上，幸福之情溢于言表。（俞卫荣）

东阳歌山金高山村

俞氏宗祠　敦和堂

东阳市歌山镇金高山村东和石潭村接壤，南与积塘坞村为伍，北与塘下村相望，西与淑玉村相邻。有 232 户居民，人口 646 人。村庄位于高山之上，村名因此而来。俞氏宗祠敦和堂位于金高山村西北角，始建于清光绪二十七年（1901），距今已有近 120 年。据《东阳俞氏宗谱》卷十九《敦和堂祠》记载：“裔孙元能、萃良、秀山辈虑籍谈之数典而忘也，林宝之不知所出也，于是相其阴阳，度其隰原，议建宗祠于村右，土燥刚而位面阳，计丁男……始事于光绪二十七年（1901），二十九年（1903）而告竣，额其堂曰敦和。《东阳俞氏宗谱》卷十九《敦和堂祠》还记载：村里原有一个永善堂，供奉着金高山村的祖先牌位神像，供村民祭祀。此堂于民国二十六年（1937）被火烧毁，1997 年村里重建永善堂。民国三十二（1943）重建俞氏家庙。1999 年重修金高山谱牒，遂将俞氏家庙改为俞氏宗祠，一直沿用至今。现宗祠前厅上有一块匾额，上书“敦和堂”，下面落款有“光绪戊申一阳月谷旦”等字样，距今已有近 120 年的历史了。

宗祠坐东朝西，前厅后堂穿堂相连，呈工字型布局。正门上方”俞氏宗祠“四字由俞氏四十三代裔孙现代书法家俞德明书写，庄严肃穆。后堂上方悬挂着一块“资政大夫”匾额。宗祠前厅上方还悬挂着一块“敦和堂”匾额。这两块匾额都是重新制作的，原来的匾额已经在“文革”时期被毁。1999 年该村和石潭、竹园等村联

合重修族谱，将俞氏宗祠修葺一新，使宗祠雕梁画栋，光灿明丽。

据《东阳市俞氏宗谱》卷四记载：高祖（唐1）监察御史俞文杰（1055—1133），为东阳俞氏第一始祖。俞献可玄孙福州刺史俞玘（1238—1317，九世祖）携子俞恪（1255—1326，十世祖）在南宋末年迁来石潭繁衍，是为石潭始祖。十八世祖俞谱（1491—？）由石潭村迁金高山。金高山村的俞氏祖先在明嘉靖年间，就选择在这里栖息繁衍，由是缔造了这座世外桃源。金高山俞姓是东阳市歌山镇石潭村的一个分支，和石潭村俞姓同气连枝。（俞卫荣）

磐安尚湖大王村

俞氏宗祠

磐安县尚湖镇大王村南里俞氏宗祠，始建于明嘉靖年间（1552—1566），位于南里村前下东塘路侧。巍楼大厅，四周广阔，旁开门市，交相贸易。明天启初年被烧毁，其楼厅无存。同年，合族商议重建宗祠，移址上郭山，先造穿堂，雕梁刻栋，华丽整洁。清乾隆元年（1736），合族戮力同心，在上郭山穿堂基础上扩建。一年后建成，雕梁画柱，美轮美奂，就是现存的磐安南里俞氏宗祠。

南里俞氏迁自浙江东阳金山水阁，是东阳金山俞氏的一个分支。据《磐安南里俞氏宗谱》卷一载：宋徽宗政和（1111—1118）年间，东阳始祖江南诸道行御史台监察御史文杰公自河间长安随宋高宗南渡，迁乘骢乡禹山之下。长子仑公转迁金山水阁，长孙御医全公，宋高宗钦赐冠带，赠中宪大夫，居东阳南隅崇德里。八世祖

俞氏宗祠
状元及第
寿比南山不老松
福海朗照千秋月

状元及第
琴棋书画身健康

葵公景定间状元。九世祖仲鳌公咸淳间状元。吾族先祖驸马国公，状元及第，高崇显耀，名扬四海。迨十二世益八府君道明公与王氏联姻，不忘亲谊，遂卜居王村，为南里俞氏始祖。

南里俞氏宗祠坐东朝西，占地500平方米，由门楼、前厅、中堂（穿堂）及后堂组成。门楼五开间，穿斗式二层楼屋建筑，五檩两柱。前厅三开间，抬梁式与穿斗式相结合，七檩四柱，前檐柱中牛腿雕花卉。大梁头雕头绪须云勾式。穿堂抬梁式，五述两柱。后堂建筑结构与前厅基本相同。屋面硬山顶，椽上垫木编，柱石为圆鼓形，柱子肚大两头尖象梭形，是保护完整的明代古建筑。南里俞氏宗祠布局严谨，建筑宽敞，历史悠久，有较高文物保护价值，现是县文物保护点。外墙白色，墙体剥落，大门上方有“俞氏宗祠”黑底金字大理石门匾。显得古老简朴。祠堂里有四口天井，用鹅卵石砌各种图案，看起来简约古朴。祠堂前厅正中悬挂“状元及第”匾额，为南里俞氏八、九世祖而立。八世祖俞葵，7岁读书，过目成诵，经史百家，旁通曲畅，兼习韬略，文武具才，12岁入右庠，26岁入太学上舍，因经学不第，弃文习武。南宋景定三年（1261）武状元，授秉义郎，南宋咸淳六年（1270）历官清慎，转升静江通判，授刑部郎中。文天祥荐祠赞扬他“文气甚高，风范端疑，可占远业”，其侄俞仲鳌，天资颖悟，博涉群书，兼习韬略，入右庠。宋咸淳四年（1268）状元，任建康知事。时元冠作乱，公下车始，任政教有度，严守要道，乡井得御，黎庶安息，封中宪大夫。叔侄两状元，也是今古佳话。后厅中正“进士”匾，九世祖能千公，殿试中进士，初任创州顺昌县尉，再任隆兴府录林察监事，赐授承直郎，赐绯衣。后厅右侧悬挂黄绍弘亲手书写“振顽立懦”匾额一方，“振顽立懦”匾额是表彰抗战时期在广东省高要县天齐弘道里与日军激战而英勇牺牲俞世川烈士的。民国二十七年（1938），俞世川代兄出征，同年任国军一百五十五师八十九团三营九连一排少尉排长，在广东省高要县天齐弘道里与日军激战，英勇牺牲。同年九月，浙江省军管区司令黄绍弘亲手书写“振顽立懦”匾额一方，令东阳县长金瑞林在俞氏宗祠公祭俞世川，宗祠有画工精致木牌坊，正月十五柱灯会，柱灯会推选十六人组成，挂灯时按规定依次挂灯。春秋二祭，缅怀宗功祖德，宗祠立族规家训。“敦孝弟，睦宗族，保祀产，选族长。正婚配，安祖墓，慎继嗣，重名节，勤本业，兴文教”。从清乾隆十五年 (1750) 设立二十四家长，八大管常，对不守族规家训者，轻者合众坐罚，重者鸣公惩究。俞氏宗祠设“养贤田”四十称，专用奖励初中毕业以上嗣孙，两人平分，三个人四十称三个分，依次类推。

南里俞氏注重文教，后人人才辈出，族兴丁旺，散居全国各地。（俞国龙）

长兴煤山罗岕村

俞氏宗祠　攸叙堂

湖州长兴罗岕俞氏宗祠攸叙堂位于湖州市长兴县煤山镇罗岕村。罗岕位于长兴县西北部，是长兴县抗日根据地之一，离县城约30公里，地处互通山西麓，北面与江苏宜兴岭乡接壤，东面与竹海公园相邻，三面群山簇拥，山清水秀，人杰地灵。全村有9个自然村，969户，总人口2560余人，有俞、罗、李、吴、章、王、金等众多姓氏，俞姓为第一大姓。

据宗谱记载，明洪武年间，东阳石潭俞氏二十七世孙永九公、水十公、永十三公、永十五公、永十七公兄弟五人离家避乱，隐居罗岕，散居猷谟圩村、宋渎村、和桥镇堵村。至清康熙五十三年（1714），修谱共睦一堂，其后乾隆二十六年（1761），各分修谱，相互往来。至光绪二十六年（1900）失联。2018年，攸叙堂之全德堂修谱组寻根溯源，历时半年多，终于在东阳市石潭村俞氏宗谱中找到了吾祖根源和同宗同源宗亲。

罗岕俞氏宗祠攸叙堂始建于清乾隆三十三年（1768），坐落在罗岕村中心，山水风光秀丽的风水宝地西岕中龙山脚下，交通便捷，气候宜人。宗祠以路为界，东至章姓，南至章姓屋后，西至涧滩，北至本族五房。总占地面积七亩左右。宗祠坐北朝南，五间排列，气势恢宏，超越民间常例的三进式结构，由前殿、中厅、后厅组成，中间隔两个天井，在同一个基线上前低后高，前后落差1米左右。宗祠前殿后宅，砖木结构二层楼房，东西两侧屋由前殿至后进，共有房屋数十间，前后进之间有厢房，所有房屋相互贯通。明清风格，甚为考究。正殿雕梁画栋，建造工艺以及建筑部件都留有明清时代的鲜明特征，且有极高的艺术价值，也是罗岕唯一的一座姓氏宗祠。前殿殿堂西侧是神龛，供奉开基祖永九公及俞氏历代列祖列宗的神主位。

宗祠距今已有 250 余年，历经风雨侵蚀，年久失修，多次倒塌，现已破损不堪，只作为家族历史文化遗迹保存。（俞卯生）

9

永嘉瓯北东阳头村

俞氏宗祠

永嘉瓯北俞氏宗祠位于瓯北朱岙村东凹樽，坐北朝南，砖木结构，一进五开间楼房，上层供奉先祖画像，下层为举办祭祀活动场所，占地面积约为1200平方米。

永嘉瓯北俞氏先祖俞似松自浙江婺州东阳原籍迁徙至现永嘉县江北东阳村。俞氏为纪念先祖来自东阳，曾取村名为“东阳头”，后更名为东方村。其族几经繁衍生息，后裔现有600余人，但因散居于永嘉、瓯北、平阳等地，故其地史上无俞氏宗祠。

2008年，东阳头俞氏族人，为纪念先祖，凝聚族人之心，遂自发捐资兴建宗祠，于2010年春竣工落成。（俞明云）

金华俞氏八派宗祠

金华俞氏八派宗祠脉承世代简图

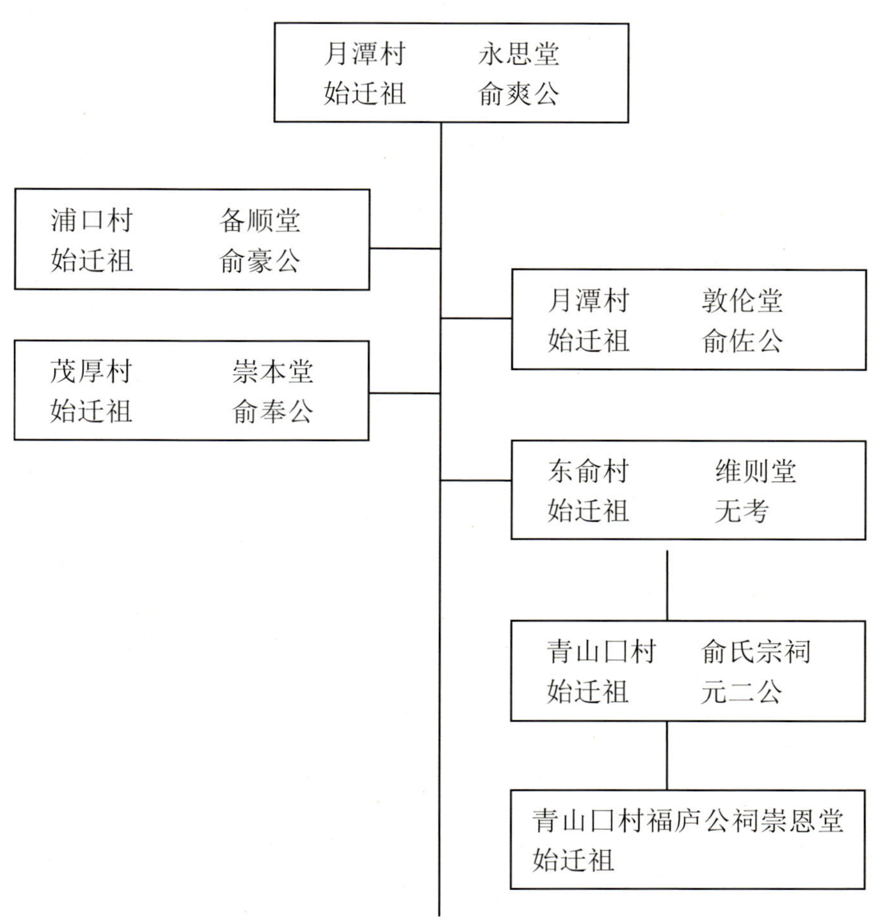

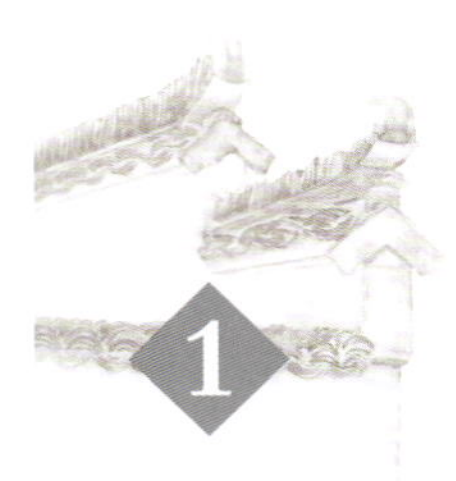

金华孝顺月潭村

俞氏八派宗祠　永思堂

一世祖俞公帛仕吴越至户部尚书兼营田使，宋太平兴国三年（978），吴越王钱弘俶“纳土归宋”，宋廷因念公帛之贤，追谥为“忠宣公”。公帛公曾奉使至婺州，道经义乌凤林，爱其山水秀丽，遂由钱塘（今杭州）迁居是处。

三世祖爽公，仕宋为翰林学士，后追谥为“太极翁”。由凤林迁金华孝顺镇。五世祖善转、善智兄弟各生四子，散居八处，其中善转四子俞豪居浦口，俞超居麻园，俞佐居源潭，俞奉居琴山；善智四子俞昌显居前巷南东，俞昌辰居莘村塘东，俞昌言居前巷南西，俞昌龄居前巷钟湖。其后尔炽尔昌，科甲连绵，人咸推之，称为“俞氏八宅”。

一传再传，瓜瓞更绵，几不可以数纪。为报本睦族，八派耆老缙绅遂会集议建宗祠，有精于堪舆者认为源潭（今金华市孝顺镇月潭村）为本族发祥地，且地形呈龙盘虎踞之胜，适宜于此建祠，议既定，遂聚资兴工，而聿观厥成，称之曰“俞氏八派宗祠”。据清宣统三年（1911）版《俞氏宗谱》的地图显示，八派祠堂号为“永思堂”，且史上于该祠前四分处尚建有“香火屋”。

祠竣之际，适逢春祭，遂陈俎豆，奠祭始祖。为示后人不忘祖功宗德，八世祖俞麟公遵老训将建祠始末详而载之，即《八派祠堂记》，时为宋淳熙元年（1174）春月。

2000 年，在武义发现了八世祖俞梦椿和九世祖俞处约的墓志铭。（俞晓民）

金华金东浦口村

俞大宗祠　备顺堂

备顺堂，又名“俞氏大宗祠”，位于浦口村南一里许，占地1690平方米，坐西朝东。为明清风格建筑，前后共三进，均面阔五间。一进门厅，进深七檩，明间梁架为五架梁，明间均施天花，前檐明间设八字大门。二进中厅，进深九檩，明间梁架为五架梁前后双步，后檐设格扇门窗，匾额“备顺堂”。三进后堂，进深九檩，明间梁架为五架梁前双步后双单步，用五柱，前檐设格扇门窗。中厅与后堂两明间之间设穿廊，两侧置厢房三间。

宗祠大门用磨砖八字大门，两侧置青石，左右置抱鼓石，气派雄伟。整个建筑用材粗大，正厅屋柱需二人合抱，五架梁约高达 1 米，天井四周均置石柱，木梁做法、装饰构件均雕刻禽兽、云纹、水纹等，做工考究。整体建筑牛腿、斗拱、雀替、花板雕刻精致。二进正厅两侧的木柱上的祠联为："五峰特镇凤林瞻翙凌霄允矣文章华国；八派分迁浦水看长风鼓浪宜乎鳞甲警人""地近潜溪直接龙门著作；里迁浦水上追民部勋劳""敬宗第一事曰亲曰睦；法祖元上义惟忠惟孝"（由裔孙孝延谨撰）。"浦水锺云雪浪银涛别道分流归一派；凤林毓秀虬枝锦盖旁芽丛出来同根"（由裔孙祖翰谨撰）。

据《婺东浦口俞氏宗谱》载：备顺堂创建于明万历年间（1590—1610），祠宇中堂顶高五丈余，气宇轩昂，为金华东乡名祠。清康熙四十年（1701）、同治十年（1871）合族捐资二度重修。1949 年后备顺堂一直为浦口完小校舍，因年久失修，1979 年有关部门定为危房，予以拆除。（俞光明）

金华孝顺月潭村

俞氏宗祠　敦伦堂

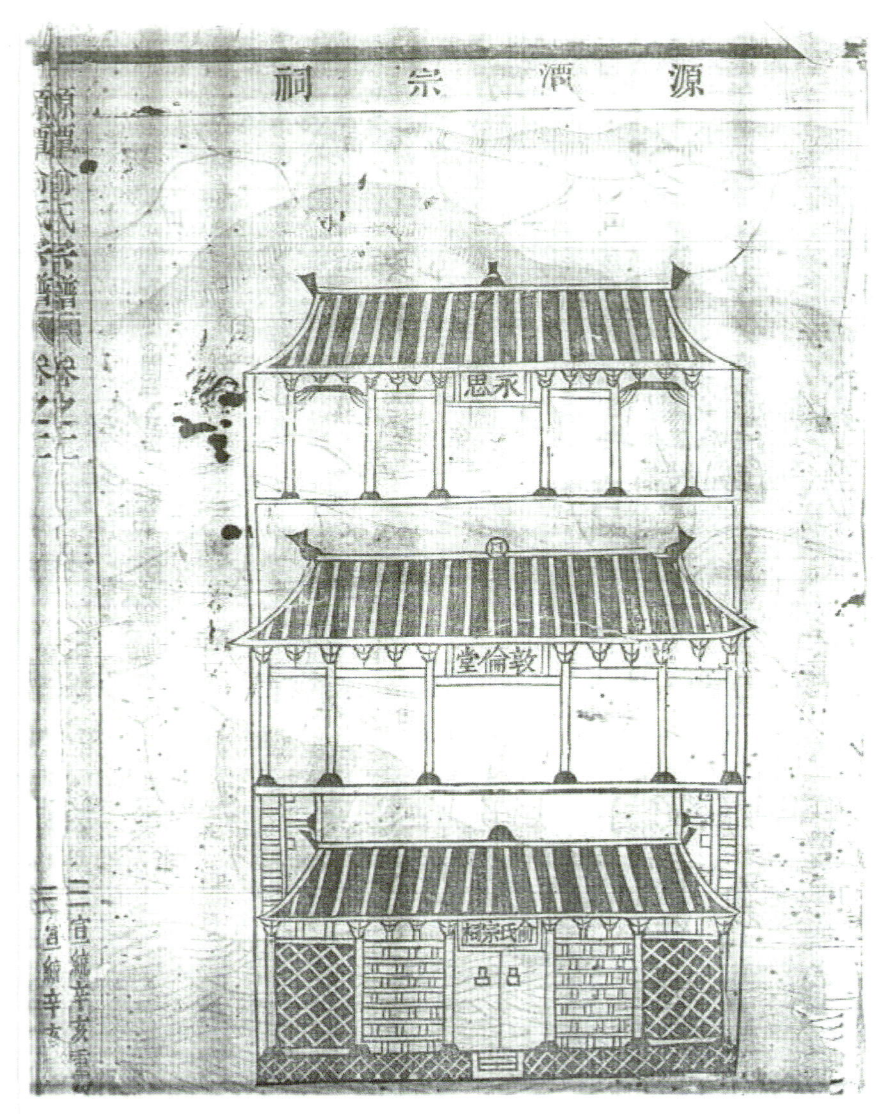

浙江俞氏始祖公帛，字文绮，仕吴越国至户部尚书兼营田使，原居钱塘，后奉使至婺州，道经义乌凤林，因爱其山水秀丽而迁居。宋廷因念公帛公之贤，追谥为“忠宣公”。

三世祖爽公，由凤林徙居金华孝顺镇。衍至五世祖善转、善智兄弟各生四子，散居八处，世称“俞氏八宅”，其中善转三子俞佐居源潭（今金华市孝顺镇月潭村）发祥成族。后人为铭记先祖肇基之功，亦为岁时祭祀之便，遂筹资兴工，创建宗祠，是为敦伦堂。

源潭祠分前、中、后三厅，因年久失修，势将倾圮，被作为危房拆除前、后厅，现仅保存尚属完整的中厅。

据清宣统三年（1911）版《俞氏宗谱》的地图显示，源潭俞氏史上尚建有“六甲香火屋”、四分处亦建有香火屋。（俞晓民）

义乌香山茂厚村

俞氏宗祠　崇本堂

茂厚村俞氏宗祠崇本堂位于义乌市城区西部货站大道旁，坐西朝东，总占地面积798平方米，由前后三进组成，设五花马头墙，阴阳合瓦，硬山顶。

据《宗谱》记载，茂厚村俞氏始祖为五代时期吴越国户部尚书兼营田使俞公帛。北宋初年，公帛携妻自钱塘迁居义乌凤林乡（今赤岸镇毛店工作片）。公帛之孙，又迁至金华孝顺镇，子孙兴旺，人才辈出，渐分成八脉，人称“八宅俞氏”。其中公帛的五世孙俞奉居于孝顺琴山。俞奉之孙俞恺（字仲能），于宋绍兴十七年（1147）回迁义乌香山茂厚，是为茂厚俞氏始祖。

茂厚村俞氏宗祠崇本堂始建于明洪武二年（1369），由十一世孙道观、道英、道贵三人首事，众族裔筹资建成。到清乾隆二十五年（1760），宗祠建筑因年久失修，渐至梁霉柱蛀而毁圮。由世孙大洪公纠合族人，卜址重建宗祠于本村东首。至清咸丰十一年（1861），宗祠又不幸遭致火灾坍塌。此后战火不断，民不聊生，族人亦再无力重建宗祠。直至民国六年（1917），由俞氏族人“诚心会”举事，历经千辛万苦，将宗祠前进、中厅及后幢在原址上重建。此后又经历史风雨，宗祠破烂不堪，面貌全非。

2005 年，“茂厚俞氏理事会”发起重修本族宗谱，同时倡议修缮本族宗祠，得到了俞氏族人积极响应，众人纷纷出资出力，建筑工程得以顺利施工。重建后的宗祠门楼面阔五间，前檐设廊，用石施牛腿，雕狮子图案。前檐廊设船篷轩，大门两侧设抱鼓石，门楼与正厅天井两侧设穿廊。正厅面阔五间，敞开厅，均用石柱，明次间五架抬梁前后双步，四柱十檩，梢间用中柱穿斗式，前檐柱施牛腿，雕寿星等图案，后檐设屏门，明次间后檐上方挂“崇本堂”、“进士”、“尚书”三牌匾。后厅面阔五间，明次间敞开，梢间封闭，明间五架抬梁，四柱七檩，次梢间用中柱，穿斗式，使宗祠原貌得以恢复。

该宗祠现已被义乌市人民政府列入“市级文物保护单位”，并立碑以示后人。（茂厚俞氏十九次续谱理事会）

5

金华婺城东俞村

俞氏宗祠　维则堂

金华东俞村俞氏宗祠维则堂建于清康熙二十年（1681）。该宗祠坐北朝南，平面呈矩形，面阔五开间，三进两天井，共915平方米，正厅为高平屋硬山顶，高耸马头墙，滴水沟檐，粉墙黛瓦，砖木结构。

正门为八字门楼，门当户对和旗杆石齐全，通体式双开大门，也可从侧面小门出入。上方高悬“俞氏宗祠”楷体大字匾额。前厅与后堂之间有窄长的天井。后堂依地势而建，水平面高于前厅和中厅两步台阶，体现了古人的营造智慧，又寓意了“步步高升”的人文理念。走进正厅，映入眼帘是既生动又别致的天井明堂，中间有砚台形天井，以利于采光通风，用凿斧精细的青石板铺设，更具特色，光线从四周倾落而下，幻成一团团光晕，使得几百年的祠堂愈发深邃，从中可感受到历史的厚重感。

该宗祠华丽凝重，庄严古朴，进入中厅环视四处，均以高档材料构建，祠堂共98根柱子，其中有46根石柱和52根木柱，它们一同支撑起整个祠堂。廊柱布置楹联警句，显得古雅宁静，楹联的内容，大多宣扬儒家学说，倡导礼义，抒情咏志，体现人与自然和谐相处。硕厚的额枋和曲梁，牛腿、斗拱、雀替、平盘斗等无一不镂，无一不雕，刀法古朴有为，线条遒劲豪放，极尽美轮美奂。

该宗祠保存基本完整，规模较大，结构简练，制作规整，具有较高的历史和艺术价值。2016年曾进行过修缮。2017年11月10日被金华市人民政府命名为“市级文物保护单位”。（俞晓悟）

俞氏宗祠
岁在丙申周其凤敬题

俞氏宗祠

6

永康西溪青山口村

俞氏宗祠

青山俞氏世家系出上古轩辕之臣俞跗，自河间郡分支，五代时有公帛封户部尚书兼屯田使，来婺居义乌凤林，数传再迁于金华某村塘。南宋后，元二公实肇基于青山口，故山口村俞氏以元二公为第一世祖。

明嘉靖年间（1522—1566），建大宗祠于家侧后堂，因风水故，于清康熙三十八年（1699）迁建，有董事献功、开基、肇达、肇厚、肇高、肇建、有裕、洪单、肇谦、肇成、肇敏、锡发、肇崇、肇干等。

清嘉庆十四年（1809）再迁旧址，有董事川、肇添、洪斌、洪菊、洪庆、洪汉、洪叨、洪颜、洪墁、锡英、献恩、献典、秉文等。

民国二十四年（1935），该祠毁于匪患，在国本、时昆、大块、海松、绍喜、宝球、大来、国达等族裔发动下，民国二十六年（1937）再建宗祠于隔溪松林。该祠祀奉青山俞氏始迁祖元二公，大三进，五开间，左右厢房，两天井，中后进有案堂，全部采用石柱，共有128根，雕工精细，造型宏达。现保存完好，个别地方有待修缮。（俞永广）

7

永康西溪青山口村

福庐公祠　崇恩堂

据《青山俞氏宗谱》载，自始祖公帛公播迁义乌凤林，其后再迁金华孝顺，传至六世祖，析分为八宅，其中昌辰公居孝顺莘村塘。数传之后，至十世祖俞炯元二公徙居青山口肇基发祥，是为青山俞氏始祖。

衍至福庐公，建有“和一堂”大屋，大屋中央正门悬有一联：“和气乃一家天地；书声起万里风云”。这充分说明了福庐公对后世裔孙敦宗睦族、诗书传家的殷切期望！

清道光二十九年（1849），青山俞氏为不负祖德宗功，缅怀福庐公的绵绵恩泽，遂建祠以祀之，故名为“福庐公祠”，堂号“崇恩堂”。是祠正寝三楹，中庭三楹，台门三楹，两廊各十二楹。大三进，三开间，二天井，结构豪华精细，保存尚好，但有待于进一步修缮。现已被永康市定为文物保护单位。（俞永广）

桃源俞氏宗祠

桃源俞氏宗祠脉承世代简图

浦阳江西俞村	永思堂
始迁祖	俞钝公

进化安山陈村	永思堂
始迁祖	富义公

1

萧山浦阳江西俞村

俞氏家庙 永思堂

据民国二十五年（1936）十一修版《萧山桃源俞氏永思堂宗谱·序》记载，南宋时，本族世祖俞仁元，籍隶吴兴（今属湖州市），时任婺州（今金华市）知州，卒于任所，后裔遂定居于斯地。俞仁元之第四子俞钝（字师曾，号醉轩，行增四），生于南宋理宗淳祐元年（1241），卒于南宋景炎二年（1277）三月十一日申时。其《谱引》云："增四府君，笃志行，熟经史，好吟咏，尤嗜饮，落落不羁。丁宋季，风尘扰攘之际，则以醉轩自号，埋光掩迹，觅胜寻幽，肆意遨游。由婺抵萧，荒邱僻谷，绝壑穷原，足无不至者，惟喜居今之地，田壤沃衍，里闬淳庞，即挈侣而家焉，历兹若干世矣。"又据清乾隆三十八年（1173），桃源汪林熙所撰《谱序》云："公讳钝，字师曾，昆季四人，公居幼，行增四。好读书，工吟咏，饮少辄醉，遂号醉轩。丁宋季，匿迹销声，寻山水胜，从婺抵萧然。游桃源，过径游，登柏山，瞻兔石；其间，水木清华，烟霞澹荡，足肆志焉。复有田可耕，有薪可采，有江可渔，计子孙业，因家于此。"俞钝为桃源俞氏之始迁祖。

桃源俞氏族人众多，现分别居于萧山浦阳镇境内江西俞村、上庄、下俞、尖山村下山俞等自然村落。亦由本宗析分于进化诸坞、闻堰黄山村潭头、滨江浦沿街道杨家墩社区，以及远迁于广西浔州等地。浦阳镇所辖之江西俞村，原以俞氏聚族居于浦阳江之西岸而得名。该村东临浦阳江，南与诸暨次坞毗邻，古为通往暨阳湄池必经渡口，为萧邑南俞姓聚居大村。

据《萧山县志》记载，本邑桃源乡下辖十三都、十四都，乡内之塘沿浦阳江而筑，诸暨坑坞山水注于桃源里亭湖江，两岸湖田万顷，邑人乡宾俞种曾置闸控灌，民受其利。该村俞氏原有上、中、下三座宗祠，俗称“江西大村坊，一村三祠堂”。抗日战争时期，上、下两宗祠惜被侵华日军焚毁。现仅存堂号曰“永思”之大宗祠。该祠始建于明成化六年（1470），由第七世孟稽、孟完、孟辉、孟成、孟会等族人集资发起建造。宗祠建筑为五开间前厅后堂式结构，间隔石板天井。前厅建有戏台，两侧建有专供老人、女眷使用的看楼。后堂为先灵寝堂，供奉历代祖宗牌位，春秋祭祀。

该祠历经沧桑，虽经多次改建或修葺，但仍破败不堪。后村人集资在原址上重建。2009年，新宗祠竣工落成。青瓦粉墙，简朴典雅。朝南门楣，前置栏栅。两侧包厢，檐廊连接厅堂。正厅居中，上悬宗祠匾额曰“俞氏家庙”。后堂正中，上悬堂名匾额曰“永思”。整体建筑雕梁画栋，光采翕然。后堂石柱，部分护梁牛腿和一对石狮，均为清代原物。其中更有保存完好、最具有历史价值，全省绝无仅有之四块明清勒碑。一为明万历三十七年（1609）十月所立，由著名理学家刘宗周所撰《俞氏重建家庙碑记》；一为清乾隆四十一年（1776）八月所立，由裔人翼云所敬书《俞氏春秋碑记》；一为清嘉庆二十二年（1817）所立，族长士朋及执事等人所撰《捐田碑记》；一为清道光七年（1827）所立，由族长宏佐邀儒学教谕陶棠所撰《重修祠碑》。一座古色古香的宗祠，满载着一个古老村落大家族兴盛发达之历史，为了解该族俞氏发展脉络，提供了第一手资料。（俞建忠）

附录：《俞氏重建家庙碑记》

萧邑径游之俞，祖讳钝者，迁自婺也。其先世居吴兴，禄九府君为博雅儒。东坡守钱塘，相游好。二传崇道公，明经，举进士，仕宋户部侍郎。又三传为仁元公，守婺州，卒于官，即钝父也。钝丁宋季，以“醉轩”自晦。计子孙业，从婺造胜径游，至萧然白鹿山右，得桃源里，柏山前尖山后，土沃里醇，遂卜以家焉，故世传为“径游俞”。世有祠，中叶倾圮，七传孟稽、孟完、孟辉、孟会、孟成，改创宅中，建工字川堂，栖神享祀。成化间回禄灾，而烝尝者兴榱桷之思□□嘉靖二十九年，八传惟明者始营祀田四十亩。厥后规地创祠，肇修祀典，制未大也。万历六年，绮克承先绪，谋诸弟显国，会宗姓，殚心纪纲，续田三十二亩，积金五百余两。迨二十三年，遂拓故址而新之。且购族田，筑土埂，周围羸里，造石榣二所，障其下沙。三十五年，绮、显复营金百余，饬所未备，役乃竣，庙貌孔昭，春秋告虔有加焉。

君子曰：“俞氏亦优，行古之道也。”自宗法坏，离逷倍于亲昵，嚣凌逾于退让，寡恩无等，风俗颓靡。后之君子通其变，以礼权之。于是乎士庶之家，不废庙祭，合子姓而统于祖，群子弟而统于长，以隆报本，以洽宗盟，以申孝悌之义，而雍容于《诗》《书》《礼》《乐》之场，礼莫要焉。是役也，其大有造于俞氏乎？呜呼！其事则前人之事矣，由其事以行其礼，噫！保世滋大，岂不在乎子孙哉？岂不在乎子孙哉！绮专心立石以垂不朽，偕侄道捐资，有年矣。其子后耀辈承启父志，乃持世谱乞记于余，余辱绮姻娅，乐道其事，故申说如右，俾俞氏之子若孙得稽考云。明万历三十七年（1609）己酉孟冬吉旦，赐进士出身、行人司行人、眷侍生刘宗周拜撰。

萧山进化安山陈村

俞氏永思堂

杭州市萧山区进化镇凤凰山村，位于镇北 4 公里处青化山脚下，由原安山陈家和鲁家合并成为一自然村落，因凤凰山之溪穿村而过，遂以名之。全村共有耕地 550 余亩，山林 1300 余亩，务农家庭 424 户，总计为 1307 人口，其中 62 户俞姓家庭，260 余人口。

凤凰山村安山俞氏相传源自萧山浦阳镇江西俞村，属萧山桃源俞氏之分支。据续修于民国四年（1915）的《山阴天乐安山俞氏宗谱（永思堂）》记载，安山本支第一世祖为富义公。清咸丰六年（1856），国学生季园公始创谱。《皇清国学生季园公传》中有载："族谱自明万历中迁居安山，传至咸丰六年，计已二百三十余载，无敢创纂修之议，公乃毅然自任，手书口访，俞氏之谱得以备者，公之力也。"

凤凰山村安山俞氏现有三房，大房子孙较少，二房、小房子孙众多。族裔至今已传10世，约有300余人，分居于本省和全国各地。

清咸丰年间（1850—1861），凤凰俞氏曾在本村东面，建立简易"香火堂"一间，以祀历代先祖。至2016年，凤凰俞氏祖贤、成信、祖校、金来诸君首事，集资10多万元，将原祠扩建成为两开间。该族奉祀先祖，上溯桃源俞氏本宗，故虽为分支，匾额仍袭"永思"堂号。（俞建忠）

四明俞氏宗祠

四明俞氏宗祠脉承世代简图

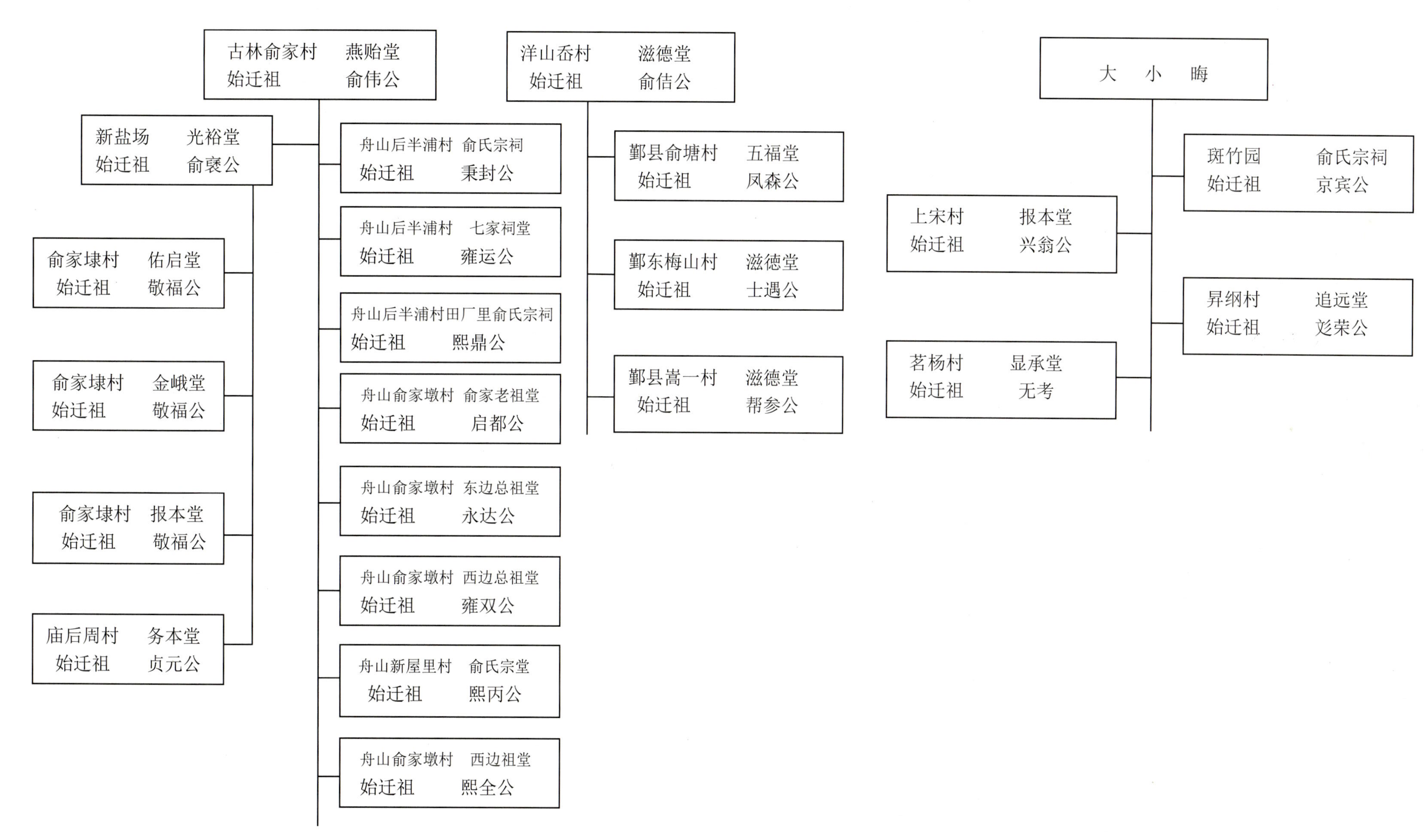

海曙古林俞家村

俞氏家庙　燕贻堂

鄞县俞氏，世居罂湖之南。其先讳鼎者，居吴兴蠡山，宋太平兴国年间，仕为明州录事参军，后为浙东道制置使，家于兹。其后子孙繁衍，支属转运，远者于奉、于象，近者于城、于四都。鹅颈曲俞家（桂林俞家），不但是甬上第一俞家，而且是甬上少有建村历史有1000年以上的氏族。

2013年中国文联出版社出版的《甬上望族》，将鄞县古林俞氏列为“甬上望族”第四位。俞氏先贤在宋朝出进士15人，明清出进士4人，举人17人。被称为大夫的有俞鼎朝请大夫、俞允大中大夫、俞伸朝奉大夫、俞充通议大夫、俞观能御史大夫、俞元吉朝散大夫等。被载入民国《鄞县通志》有三人：宋代俞伟、俞充、清代俞虬。特别是俞充，嘉佑四年（1059）进士，《宋史》有列传，藕池俞圣君庙供奉的就是俞充。

一般的祠堂都称宗祠，而俞氏宗祠却额题“俞氏家庙”。祠堂是族人聚会、议事、处理族内纠纷等宗教活动场所。家庙是供奉祖宗、先辈神像、灵位、供族人祭祀、朝拜、思念的场所。后来合二为一，兼有双重功能，但还是有区别的，祖上没有一定的官爵，家族的祠堂是不能称为家庙。

清乾隆前，俞家祠堂（俞氏人称老祠堂）在俞家村东面，鹅颈曲的北面，坐北朝南，三开间，一院落，前有石碑坊，面对祠堂桥。老祠堂只有一进殿堂，不但已经放不下先祖们的神位，就连一般宗祠的格局也未形成。乾隆二十六年（1761）族人决定在老祠堂东面新建一祠堂，历时18年，分两次建设，至乾隆四十一年（1778）建成，即为今俞氏家庙。

祖德宗功
繼祖征西曠世良臣鐘浩氣
鼎公衛國千秋傑裔鑄輝煌

俞氏家廟
耕讀貽孫
詩禮傳家
宅奠罌湖
系分河澗
文章華國

俞氏家庙，坐北朝南，略偏西，四进九开间，呈三个院落，对称布局，沿中轴线依次为门厅（礼门）、前厅（享堂）、中厅（寝堂）、后堂，二侧为东西厢房，占地面积为1900平方米，建筑面积约为1800平方米。俞氏家庙第一进为门厅，单层硬山形式，九开间，中间三间为大门，五架抬梁式卷棚顶，其余为穿斗式，柱头及梁上有装饰斗拱、承托，雕梁画栋，做工精致。第二进为前厅，前厅为五开间单层硬山建筑，前檐廊柱采用斗柱和牛腿组合形式，廊为卷棚顶，梁及装饰构件雕刻内容丰富，形象逼真。前厅是俞氏家庙的主厅，上悬“燕贻堂”横匾。燕贻堂是俞氏家庙的堂名，俞氏的先祖来自河间，河间古属燕国，因名“燕贻堂”。前厅东西两侧为厢房，东西厢房呈基本对称形式，为两层建筑，硬山式。前厅后面有一道照墙。第三进为中厅，中厅是俞氏家庙最具特点的重要建筑，九开间单层硬山式，中间五开间，东西两侧为左昭、右穆，始祖居于正中，始祖以下一世居左，称昭；二世居右，称穆；三世、五世、七世等级奇数后代皆为昭，而二世、四世、六世等偶数后代皆为穆，这样类推，使得祖宗与子孙后代亲疏、长幼关系的排列顺序井井有条，丝毫不乱。中厅建造年代晚于前厅，用料和做工极为讲究，远远高于门厅、前厅。中厅前檐为廊，廊为卷棚顶。牛腿、雀替等体现了宁波地方传统工艺，厅内梁架极为讲究，中间的梁架采用了极具特色的花篮形式。六十六根柱子的直径达50厘米，柱下的磉石雕刻精美，样式多种。第四进后堂，呈三合院布局，为二层砖木结构，设有前廊，廊步采用斗拱、雀替等宁波地方传统装饰构件，二楼为草架形式。俞氏家庙整体建筑呈台阶型，前厅地坪比门厅地坪高20厘米，中厅地坪比前厅高20厘米，后堂又比中厅高20厘米。俞家祠堂在建筑布局上就是少了一座戏台，这就是俞氏家庙区别于其他宗祠的地方，也就是家庙与祠堂的区别。家庙只举办祭祀、朝拜仪式，不搞聚会、演戏等活动。俞氏家庙不但是宁波地区氏族文化和宗祠建筑的杰出代表，也是江南地区氏族文化和宗祠建筑的光辉典范。（俞舜民　俞绍良）

舟山临城后半浦村

俞氏宗祠

舟山临城后半浦村俞氏宗祠始建于清朝嘉庆元年（1796），立堂始祖秉封公。该祠乃舟山临城后半浦村俞氏总祠堂。现祠堂于2017年9月重建，位于舟山临城淡水坑，建筑面积约120平方米。

鄞县古林俞氏本宗传至十四世，分白坟、祖坟二派。祖坟派老二房帜，后裔二十世祖常泓公，于明中叶迁往镇海桃义江，为桃义江俞氏始祖。清咸丰元年（1834），该支后裔正明、正法前来认族，今桂林俞氏家庙中立有《桃义江认族碑记》。镇海桃义江即今骆驼桥俞家畈俞家，1998年版《宁波市志外编》载："骆驼桥俞家畈俞家，明中叶自鄞县黄古林俞家宅迁入。"

明朝末年，曾有鄞县桂林俞氏族人零星迁居舟山从事渔猎、垦殖。

明弘光元年（1645），鲁王朱以海称监国于绍兴，号召军民抗清。鲁监国四年（1649）九月，南明鲁王政权移往舟山。鲁监国五年（1650）十月，清浙闽总督陈锦围剿四明山等山寨抗清武装，张煌言、王翊等败走舟山，在舟山继续抗清。这场发生在弘光元年（1645）至鲁监国七年（1652）的清灭南明鲁王政权战争，使得浙东战事不断，民不聊生。期间，有镇海桃义江古林俞氏族人为避战火或跟随南明鲁王政权而迁居舟山。现存天一阁的《镇邑桃义江俞氏宗谱》载：因兵荒马乱，秉字辈逃难到定海落户。

这些一次次零星迁居舟山的鄞县古林俞氏族人终因倭乱、清兵追杀及台湾战事，朝廷的几次迁界禁海，一直未能得到发展。清康熙二十二年（1683），朝廷收复台湾，沿海趋于平和，康熙二十三年（1684年），朝廷颁"展海令"，开海禁，鼓励农耕渔牧，并移定海镇总兵于舟山，建舟山镇，舟山开始展复。康熙二十六年（1687）五月，康熙帝以"山名为舟，则动而不静"，诏改"舟山"为"定海山"，并题"定海山"匾额。康熙二十七年（1688），建定海县（原定海县改为镇海县）。因清代舟山隶属宁波府，地理位置上又隔海相望，所以最先迁居舟山的人群以宁波地区居民为主。《桂林俞氏宗谱・俞家墩后半浦支谱》载："秉字辈小叔和启字辈大侄子两户家人，以鸡毛换糖经营小商小贩生意，从宁波来定海谋生，小叔在后半浦居住，侄子在俞家墩居住，祖堂也各家自己设立。"

鄞县古林俞氏族人自明末清初陆续迁居舟山定海老碶头后半浦、俞家墩，沈家门泗湾俞家塘、茅草湾、宫墩中大、西横塘、东横塘等地，至今的300多年历史中，又陆续繁衍，分布于田厂里、七家屋、新屋里、俞家墩东边、俞家墩西边，现后代已遍布舟山各地。

作为舟山展复后最早的先民，鄞县古林俞氏迁舟族人在300余年历史长河中，以十几代人的不断努力，为建设百废的舟山作出了不可磨灭的贡献。

期间，在舟山的鄞县古林俞氏后人，为朝宗谒祖、祭祀先人，在各自的居住点先后建造了祠堂。但因时代变迁、城市发展等因素，祠堂被损坏、占用情况较大，特别是地处城区内的，所幸在舟山的鄞县桂林俞氏后人始终保持着尊祖敬祖优良传统，缅怀祖德不忘宗功，经不懈努力，各居住点祠堂基本得以易地重建，幸甚至哉！（俞银哉）

舟山临城后半浦村

俞氏七家祠堂

舟山临城后半浦村俞氏七家祠堂，乃舟山临城后半浦村俞氏宗祠之分堂，也称后半浦村俞氏七家屋祠堂，立堂始祖雍运公。现祠堂于 2017 年 10 月重建，位于舟山临城淡水坑，建筑面积约 50 平方米。（俞银哉）

舟山临城后半浦村

田厂里俞氏宗祠

舟山临城后半浦村田厂里俞氏宗祠乃舟山临城后半浦村俞氏宗祠之支堂，立堂始祖熙鼎公。现祠堂于2017年2月重建，位于舟山临城淡水坑，建筑面积约50平方米。（俞银哉）

舟山临城俞家墩村

俞家老祖堂

舟山临城俞家墩村俞家老祖堂始建于清嘉庆元年（1796），立堂始祖启都公。该祠乃舟山临城俞家墩村总祠堂。现祖堂于2013年5月重建，位于舟山临城小青湾，建筑面积约50平方米。（俞银哉）

舟山临城俞家墩村

俞家东边祖堂

舟山临城俞家墩村俞家东边祖堂，乃舟山临城俞家墩村俞家老祖堂之分堂，立堂始祖永达公。现祖堂于2017年12月重建，位于舟山临城淡水坑，建筑面积约50平方米。（俞银哉）

舟山临城俞家墩村

俞家西边总祖堂

舟山临城俞家墩村俞家西边总祖堂，乃舟山临城俞家墩村俞家老祖堂之分堂，立堂始祖雍双公。现祖堂于2016年9月重建，位于舟山临城淡水坑，建筑面积约50平方米。（俞银哉）

舟山临城俞家墩村

新屋里俞氏宗堂

舟山临城俞家墩村新屋里俞氏宗堂，乃舟山临城俞家墩村俞家老祖堂之支堂，立堂始祖熙丙公。现宗堂于2004年8月重建，位于舟山临城小青湾，建筑面积约50平方米。（俞银哉）

9

舟山临城俞家墩村

俞家墩西边祖堂

舟山临城俞家墩村西边祖堂，也称俞家墩村西边分祠堂，是舟山临城俞家墩村俞家老祖堂之支堂，立堂始祖熙全公。现祖堂于 2016 年 10 月重建，位于舟山临城淡水坑，建筑面积约 50 平方米。（俞银哉）

鄞州东钱湖俞塘村

俞氏宗祠　五福堂

俞塘俞氏宗祠五福堂位于宁波市鄞州区东钱湖镇俞塘村内。本派尊鼎公为一世祖，先祖俞凤森（系迁鄞俞氏二十二世祖）于明宣德年间（1426—1435），由原籍鄞邑洋山岙迁于斯地，生子五人，析分为"东、西、南、北、中"五房。清朝中期，五房分支裔孙合力始创"五福堂"宗祠，初时建筑规模较小，至清末时方扩建成现时规模。该祠建筑两进、一院、五开间砖木结构平房，祠内装饰、木雕石刻工艺精美。

20世纪70年代，宗祠建筑内部结构发生较大改动，部分建筑被当作工厂使用，另一部分建筑被改作村民住房，但宗祠整体外形基本尚存，木雕石刻等精美构件亦保存完好。（俞正多　俞立奇）

鄞州横溪梅山村

俞氏宗祠　滋德堂

鄞州横溪梅山村俞氏宗祠滋德堂位于宁波市鄞州区横溪镇梅山村俞家山自然村内。据《鄞东俞氏宗谱》记载，俞家山先祖士遇公系迁鄞俞氏第二十四世祖，明永乐年间（1423—1424）从鄞东俞家塘岙迁来，至今有600余年，繁衍二十多代。

清咸丰六年（1856），俞山俞氏族人集资筹建宗祠，清咸丰十一年（1861）竣工，额其堂名曰“滋德”，寓意为“文物衣冠、树德务滋、德之滋培、可谓深厚”。民国十一年（1922），该祠曾重建。2009年重修。

该祠建筑面积占地400多平方米，于同类宗祠中规模虽不算很大，但梁宇、廊沿、门厅等构建雕刻十分精美，为远近祠宇中少见。祠内建一戏台，屋顶歇山翘角翕然，内部抬头见螺旋娥罗顶藻井，及其承托之平身斜小斗拱漆朱绘彩。正厅面对戏台，上悬“滋德堂”匾额，下方分列24块“孝子”图文屏风。左右两柱分挂楹联，上联曰“祖称名宦德泽犹如龙井”，下联曰“族聚深山风光仿佛桃源”。该祠经修复后，现已被列为鄞州区历史古建文保点。（俞正多）

俞氏宗祠

梅尉是芳隣譜出仙家新樂府

桃源真樂土恍逢秦代古衣冠

12 鄞州瞻岐嵩一村

俞氏宗祠　滋德堂

嵩一村俞氏宗祠滋德堂位于宁波市鄞州区瞻岐镇嵩一村内。宗祠为一进一院五开间，砖木结构，高平屋。占地面积约 450 平方米，建筑物面积约 250 平方米。宗祠由大嵩嵩一村俞氏第七世裔孙树材公为首建造，建造时间为民国九年（1920），距今已有百年。

宗祠正堂居中悬挂黑底金字“滋德堂”匾额，四周柱子刻有楹联，共有八幅之多。其中六根柱子为石质，阴刻文字，其余均为木质柱子，堆灰书写。回廊廊顶、牛腿和雀替等构建上刻有花鸟走兽及人物造型，雕刻精美。

宗祠在中华人民共和国成立初曾为解放军营地，后又改为夜校、工厂厂房。2011 年重新修缮，耗资 12 万元。

嵩一村俞氏始祖邦参公（系迁鄞俞氏第三十一世祖），由鄞邑东钱湖俞塘村迁至大嵩江畔，至今繁衍十多代。（俞正多）

鄞州姜山俞家埭村

俞氏宗祠　佑启堂

鄞南姜山俞家埭俞氏宗祠佑启堂俗称“老祠堂”。清道光（1821—1850）年间，该祠由迁鄞南姜山俞家埭十二世祖应太公建造。据记载，该祠创建后曾经多次修缮，于民国三十三年（1944）曾大修一次，2009年重修，2015年斥巨资全面整修。

佑启堂经全面整修后，工程考究，单是立桩盘石就有六种之多。该祠建筑总面积约900多平方米，占地面积约1600平方米。宗祠大门前小广场竖有旗杆八根，建筑为三进四院（二大二小）七开间砖木结构平房。彩绘门神一对，屋顶立瓦将军，雕花条石墙基，天井左右厢房，中堂上悬“佑启堂”匾额，后堂设为祭祀厅。廊墙有“龙凤呈祥”、“鲤鱼跳龙门”、“二十四孝”等浮雕，镌刻精美。（俞正多　俞立奇）

佑啟堂

鄞州姜山俞家埭村

俞氏宗祠　金峨堂

俞家埭俞氏宗祠金峨堂为一进一院三开间砖木结构平房，建筑面积约300平方米，总占地面积约500平方米。该支俞氏为佑启堂始迁祖应太公一派，由应太公第三子俞有首事创建于清朝中期。2017年，由俞昭文主持大修，现保存完好。（俞正多　俞立奇）

阜三公

金峨堂
丁酉年季春

金峨堂

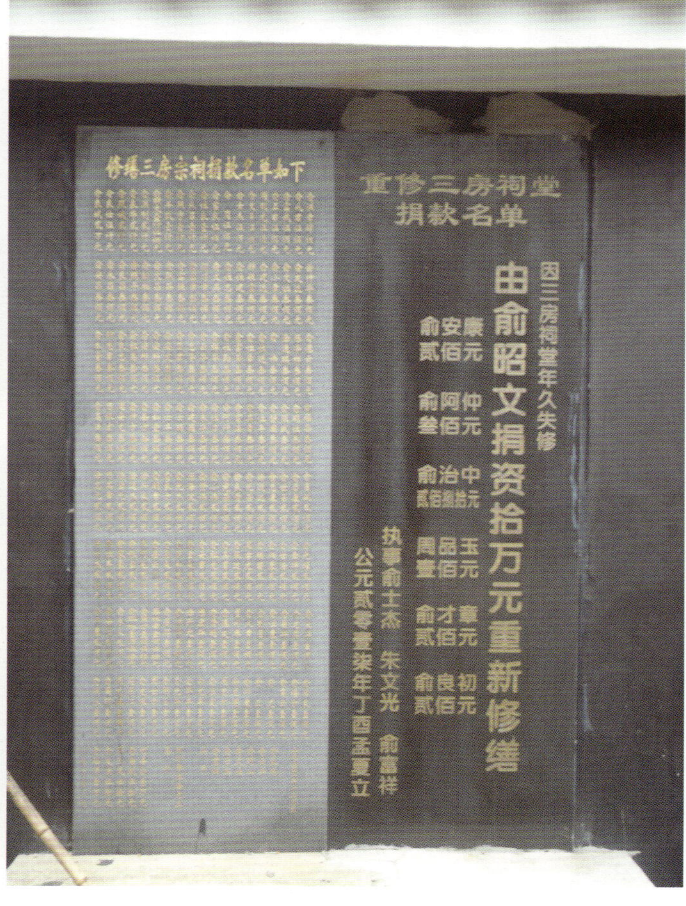
重修三房祠堂
捐款名单
因三房祠堂年久失修
由俞昭文捐资拾万元重新修缮
俞安康 贰佰元
俞阿仲 叁佰元
俞治中
周品玉 壹佰元
俞才章 贰佰元
俞良初 贰佰元
执事俞士杰 朱文光 俞富祥
公元贰零壹柒年丁酉孟夏立

鄞州姜山俞家埭村

俞氏宗祠　报本堂

俞家埭俞氏宗祠报本堂建筑面积约900多平方米，总占地面积约1200平方米。该支俞氏为佑启堂始迁祖应太公一派，由应太公第五子俞阜首事创建于清朝初期。

中华人民共和国成立后，该祠被改为工厂，建筑内部结构亦作较大改动，但仍保留了石牌楼式门面。该牌楼门面外面额镌“派衍荆襄”四字，内面额镌“源出河间”四字，四周镌刻花纹精美，做工样式少见。虽因各种原因导致边角碎落，但仍不失之为一石刻瑰宝。现宗祠内部工厂已经迁出，俞氏族裔拟重新修缮。（俞正多　俞立奇）

源出河間

16

鄞州姜山新张俞村

俞氏宗祠　树德堂

鄞县姜山俞氏宗祠树德堂位于宁波市鄞州区姜山镇新张俞村内。该祠建筑面积700多平方米，占地面积1200多平方米。为合院式结构，三进院落，由门厅、正厅、后殿、东西厢房等建筑构成。面阔七开间，其中明间及次间进深四柱五檩，稍间进深三柱五檩，尽间进深五柱五檩，均穿斗抬梁混合式结构。明间前置二界，做双步廊。庭院基石又长又宽又厚，为众多祠堂中之少见。门屋局部结构保留了明代建筑特征，门框楣板上置一字科斗拱及拱垫板做封堵。

鄞县姜山俞氏树德堂宗祠始建于明代，于清咸丰八年（1858）重建，扩建于光绪元年（1875），于民国三十四年（1945）再次重建。中华人民共和国成立后，曾被改作小学校舍。小学搬迁之后，祠内建筑多处倒塌，庭院空置荒芜一片。所幸围墙较高，墙体基础牢固，正门一进建筑尚属完好，村里老人经常在此聚会休闲聊天。

2019年新张俞村作为宁波市历史文化名村，得到政府有关部门重视，先期已拨款人民币200多万元，拟对全村现存古屋建筑群体予以修缮。宗祠修复得到了众多俞氏族人踊跃捐款，共筹集资金350多万元。俞氏子孙翘首期盼的祠貌重光将到。（俞正多　俞立奇）

奉化溪口斑竹村

俞氏宗祠　燕贻堂

斑竹村位于宁波溪口镇西北角，距溪口镇区 23 公里。目前的斑竹村是 2004 年，由溪南、溪北、斑竹、驻岭四村合并组成的。现为宁波市级历史文化名村。斑竹有“郡马故里”之称，全村几乎都姓俞，唐末迁自大晦。五峰十世祖京宾公从大晦迁斑竹，为斑竹俞氏始祖，堂号为“燕贻堂”。

十四世祖景福公，为北宋安定郡马、元祐进士。《斑竹俞氏宗谱》记载：“尚安定郡主，王式之次女。”据载，景福公与父、祖三代进士墓葬群在斑竹村附近的山里。奉化斑竹俞氏和宁海马岙俞氏同为五峰俞氏分支。大晦离斑竹不过 5 里，斑竹俞氏迁自大晦，即大晦本支。

斑竹俞氏燕贻堂简称“俞家祠堂”，约有150年的历史，建筑面积约1.5亩，走进一层楼里面，中间有天井。中华人民共和国成立初在祠堂里办过小学，名“茭溪小学”。1956年，小学迁走，改为农村供销社。1973年因供销社大楼新建而搬迁。由于祠堂年久失修，破旧不堪，后被拆毁，其地被夷为“大寨田”，1992年遗址上的农田被征用，建“林杏琴教育楼”。目前校舍尚在，学校已迁至溪口镇。祠堂虽拆，但宗祠内的一块“郡马桑梓”匾额得以保留，而且尚存一座始建于清末的老堂沿，依旧悬挂着“燕贻堂”匾额。

斑竹俞氏人才辈出，原中国贸易促进会会长、中国国际贸易促进会会长俞晓松就是斑竹村人，与原斑竹村主任俞小国为嫡堂兄弟。中国大提琴协会会长、音乐家俞明青，中国作家协会会员、浙江省作协第八届全委委员、当代诗人俞强，也都是斑竹俞氏后裔，京沪杭等地及海外还有不少大学教授、化工专家、工程师等。俞强还写有《奉化溪口斑竹俞氏赋》，赞咏祖乡风物与俞氏人文。

斑竹村（原自然村）目前有100户人家，在册人口218人，常住人口60人左右，以俞姓为主。村里主要的经济收入以种花木为主，其次是种植农作物。

斑竹村是闻名遐迩、风景秀美的“晦溪九曲”的第七曲（一曲壶潭、二曲晦溪、三曲敏坑、四曲石门、五曲葛竹、六曲驻岭、七曲斑竹、八曲大晦、九曲马村）。据传这块土地上曾栽着许多带有褐色花纹的竹子，称斑竹，故村落以此得名。清乾隆年间，锦竹邑庠生王秉琳《斑竹成文》诗云：“参差秀竹出人寰，遥列纷披绕屋间。岂是钟灵斯地最，先分点缀此君斑。妆添霞照轻罗美，笑看风来碧玉弯。节劲何妨霜且雪，长与松柏共班班。”（俞强）

奉化溪口昇纲村

俞氏宗祠　追远堂

据宁波市奉化区档案馆藏本、民国十一年（1922）七修版《奉化昇纲俞氏追远堂宗谱》所载，本宗始祖俞文俊，唐代人，自江宁县徙浙之奉化溪口小晦俞村；至明时，本族之祖彣荣公从奉化溪口晦岭俞村岙底迁入本邑昇纲村（今属宁波市奉化区溪口镇）。另据奉化溪口小晦俞村《敦叙堂俞氏宗谱》记载，俞文俊系龙图阁待制献可公后裔，宋时迁自剡邑锦溪什里，后又迁居奉化溪口住岭下斑竹园，再迁小晦俞村。据《金字谱》和《斑

竹园俞氏宗谱》记载，五峰七世祖玗公为明派始祖，居于大晦，十世祖京宾公迁入斑竹园。庄公后裔二十二世支翁公之子彣荣公赘居枕岩（即升纲村）。各支表述不一，有待后人考证。

清乾隆十六年（1751），该族始建宗祠，堂号曰“追远”，取其尊祖敬宗、报本追远之意。清咸丰三年（1853），淫雨为灾，全祠垣宇尽付东流。越数年，宗祠在原址上重建。历年既久，栋宇湿腐，山门廊庑日濒坍倾。民国十年（1921），族人目睹宗祠破败不堪之状，遂择地高爽再予重建。新祠竣工，栋宇崔巍。不料次年又遭沴灾，新祠山门、戏台、东廊皆漂没一空，所剩惟后殿与西廊。又越数年复建东廊。1963年方始重建山门、戏台，遂复旧观。（俞正多）

奉化锦屏上宋村

俞氏宗祠　报本堂

奉川北郭俞氏报本堂位于宁波市奉化区锦屏街道上宋村。本支《北郭俞氏宗谱》对祖源有两种不同的观点：一说来源于马岙，从一世祖庄公起，记至十八世祖宗可公（属剡派），后面断代，始祖兴翁公迁自剡邑；一说始祖兴翁迁于奉川晦岭（属明派）。另据《奉川斑竹园俞氏家谱》和《奉川泮山俞氏五柱支谱》所载：该族始迁祖兴翁，元季由奉川晦岭析分，移居邑城北郭王游村（俗称为“俞家花园”），立祠“报本堂”，为奉川北郭俞氏之始迁祖。兴翁生二子，长子子昌，仍居北郭；次子子敬，居邑城南门泮西村，立祠“显承堂”（2014年该祠被拆建为菜市场），为奉川南门泮西俞氏始迁祖。（俞立奇）

附：《报本堂记》

祖宗乃人之根本，为水之源，为树之根，不可忘也。而族之宗祠乃是孝子贤孙祭拜祖宗的神圣地方，亦不可废也。吾北郭俞氏兴翁公于元季由剡邑移入，开基以来至今已近700多年历史。于先谱记载，报本堂重建于清乾隆辛巳二十六年（1761），至今亦有二百三十年之久矣。在此二百多年中，经吾先祖多次修缮，方得保留。解放初期，报本堂被改做他用。今由忠义、忠瑞兄弟偕召虎君为发起人，商榷重修宗祠之事。得全族贤明踊跃捐资响应，并由康定、惠定、惠良、国兴为执事主办人，于乙酉年（2005）八月初二日，祭拜先灵后破土动工，并与同年十月二十六日竣工。从此吾族后裔又有聚集和参拜追念先祖的地方了，这实在是吾辈上下值得高兴的啊！并望吾族子孙默移工读，以光吾祖先，耀吾宗族，将吾俞氏发扬光大，远泽长流族人之嘱。

奉化西坞茗杨村

俞氏宗祠　显承堂

奉化西坞茗山俞氏宗祠显承堂，位于宁波市奉化区西坞街道茗杨村内。该祠始建于清朝中期，堂曰“显承”，坐北朝南，前后两进三楹，砖木结构平房，建筑占地面积约 212 平方米。1994 年，该祠前进门厅毁于火灾。现仅存后进正厅。硬山顶，三开间，阴阳合瓦，间阔 4 米，进深 9.7 米。明间梁架，四柱八檩；五架抬梁，带前单步、后双步。次间用中柱，五柱八檩。一步梁头、雀替装饰，均雕刻精美卷云纹。镌刻楹联，曰：“昌邑分支垂骏烈；名山衍派群宏图。”该祠基本保存完整，具有一定的历史价值。原被列入县级文物保护单位，后遭遇火灾，过火后前进亦被拆除重建。（俞正多）

顯承堂
鵑啼五夜淒風冷
鶴唳三更苦雨寒

顯承堂

奉化西坞庙后周村

俞氏宗祠　务本堂

奉化西坞俞氏宗祠务本堂，位于宁波市奉化区西坞街道庙后周村内。明末时，先祖俞贞元自鄞县新盐场俞家畈（今宁波市高新区梅墟街道俞家村）迁入于本村。俞氏定居后，繁衍成族，至清康熙、雍正（1662—1735）年间创建宗祠。该祠又俗称为“俞家厅”。

“文革”期间，该祠遂被改建为农业生产队仓库，1978 年仓库搬出。后该祠破败倒塌，成垃圾堆场。

2012 年 7 月，为弘扬俞氏尊奠先祖家风，阖族倡议重建本族宗祠，众皆踊跃捐助工程款项，由俞氏裔孙第十一世成海、军人二君首事，率领族人齐心协力，历时二个月，耗资 12 万元，该祠方始圆满落成。

新建宗祠，为一进、一院、三开间砖木结构高平屋，大门正中上悬鎏金“俞氏宗祠”匾额，正堂内居中上悬宗祠“务本堂”匾额，下挂先祖考妣油画图像一帧。（俞正多）

俞氏排行示意
贞明天尚宾孟
文行忠信才良
家世宏开昌运
祖功聪德灵長
二〇一二年秋

俞氏宗祠重建碑记
我俞家厅在1974年无偿被拆，建生产队仓房，故毁至平地，久而久之，成为垃圾场。我俞氏后裔，看在眼里，痛在心里。当今天下承平，欣逢盛世之年，为尊先祖弘扬我俞氏之家风，经宗族人倡议，有识之仕纷纷行动，决定重建俞氏宗祠。在族人齐心协力下，终于二〇一二年七月初三日奠基，历时30天，圆满落成，共耗资120000元，由第十一世孙"成海、军人"领众新建"俞氏宗祠""务本堂"不忘历史，特此树碑立传，弘扬美德。
俞氏排行
贞明天尚宾孟
文行忠信才良
家世宏开昌运
祖功聪德灵长
筹建小组
公元二〇一二年十月六日立

俞氏支系宗祠

武义俞源乡俞源村

俞氏宗祠　壬林堂

俞源俞氏始迁祖俞德，字处约，行二十二，原籍杭州，南宋时官松阳教谕，游九龙山，爱其山水之胜，遂卜居焉。后人因名其地曰“俞源”。

俞源村位于现武义县西南方20公里处，现有住户700余家，总人口约为2000余人，俞姓占全村总人口70%左右。俞源村环境优美，现尚保存元、明、清古建筑53座。1998年，成为“武义县级文物保护单位”。2000年，成为“浙江省级文物保护单位。2001年，成为“全国历史文化名村”；同年，获“全国文物保护单位”。2015年，获“全国文明村”称号。2017年，获“最美古村落”称号。

武义俞源俞氏壬林堂宗祠坐落于该村村口，坐北朝南，砖木结构，建筑规模宏大。厅堂三进五楹开间，左右廊庑各为五楹。上厅（寝堂）与中厅（享堂），柱大梁粗，高敞明亮。梁悬明吏部尚书严讷所题“壬林堂”匾额，及诸多名人所题楹联。共有房屋51间，306根立柱。内天井8个，地坪全用石板铺设。又建有被誉为金华八县第一的雕花戏台一座。宗祠建筑总面积约3176平方米。

武义俞源俞氏壬林堂宗祠前身称为“孝思庵”，始建于明洪武七年（1374），时仅有上厅16间房屋。明隆庆元年（1567）时，曾大兴土木，在孝思庵建筑基础上扩建成现行规模。由于宗祠建筑恢宏，于婺、处二州久享盛誉，真可谓“婺处第一祠”。

中华人民共和国成立后，武义俞源俞氏壬林堂宗祠被改作国家粮库使用，祠内众多额匾、楹联，均被损毁殆尽。1974年，县粮食局拟拆除该祠，在原建筑基础上，重建现代粮库。但遭当地村民竭力反对，宗祠乃得以保存至今。（俞航星）

壬林堂

婺雲第一祠

淳厚可風
禮義賢聲
急公好義

武义俞源乡俞源村

下士街香火屋

下士街香火屋位于俞源下士街，为俞源前宅片区居民供奉香火的地方，是五世祖俞涞于明初所建。正屋三间，厢房两间，上下两层，双屋檐式建筑结构，典型的元末明初风格，整个院落榫卯结构，无一根木梢，此建筑结构全国罕见。现为全国重点文物保护单位。（俞航星）

武义俞源乡俞源村

上宅香火屋

上宅香火屋位于俞源古进士巷，为俞源上宅片区居民供奉香火的地方。清代建筑，建筑坐北朝南，由前后两进建筑组成，建筑损毁较大，前厅建筑与正屋三间目前保存完整，现为国家级重点文物保护单位。（俞航星）

临安太湖源里畈村

俞氏祠堂　敦伦堂

敦伦堂俞氏祠堂，原位于临安区太湖源镇里畈村俞家头。祠堂占地二亩，坐西朝东，前后共三进，均为五开间。祠前竖有旗杆，立有太湖石祠记；头进门厅，两侧回廊，中留天井、戏台；二进中厅，上挂“敦伦堂”匾额；三进后堂，供奉祖宗牌位。祠堂气派雄伟，建筑用料粗大，装饰做工考究，饰件雕刻精致。

据临邑俞氏宗谱记载，汉光和年间（178–183），滕国公俞文袭始居临安，延及于宋理一公分迁横路，其间英才迭出，代不乏人，而子孙绳绳继继，流播散处，或居浪岭之溪口，或迁天目之於潜，或迁高陆之集贤，随仕四方者其处不一。迨至元森三公生五子，长曰士一迁素云，次曰泰二居里畈溪里，三曰鼎三迁杨桥，四曰满四、五曰佑五仍居横路俞家头，祠堂祭祀列祖列宗。

2012年，临邑俞氏宗谱重修，合三为一，将民国十年（1921）修的《临邑俞氏宗谱》四卷，结合同年修的《素云俞氏宗谱》二册，及民国三十五年（1946）修的《溪里俞氏宗谱》三册进行汇总，并融入目溪口俞氏，修成一谱。

敦伦堂祠堂始建年失考。祠堂建筑惜在1966年被当作“四旧”拆除。（俞济民）

富阳灵桥俞家爿村

俞氏宗祠　敦睦堂

敦睦堂原在本邑江北罗桥（现更名富春街道秋丰村），始建时间记载不详。现根据本族第一次重修家谱时间在明正德十二年（1517），及本族二十五世祖（讳珪、字廷锡、号乐山），于明嘉靖十三年（1534）奉天子诏，输粟纪功，后又受嘉靖皇帝朝廷恩赐“藩司”大匾一块，推断俞氏宗祠上厅（原貌只有三间开口房）始建时间大约在明末时期。

据富阳灵桥《俞氏敦睦堂宗谱》记载：清同治二年（1863），俞氏宗祠被遭兵燹越数年，自清光绪四年（1878）冬，俞氏宗祠搬迁到灵桥俞家爿自然村重建。清光绪五年（1879）冬建成，距今已140余年。

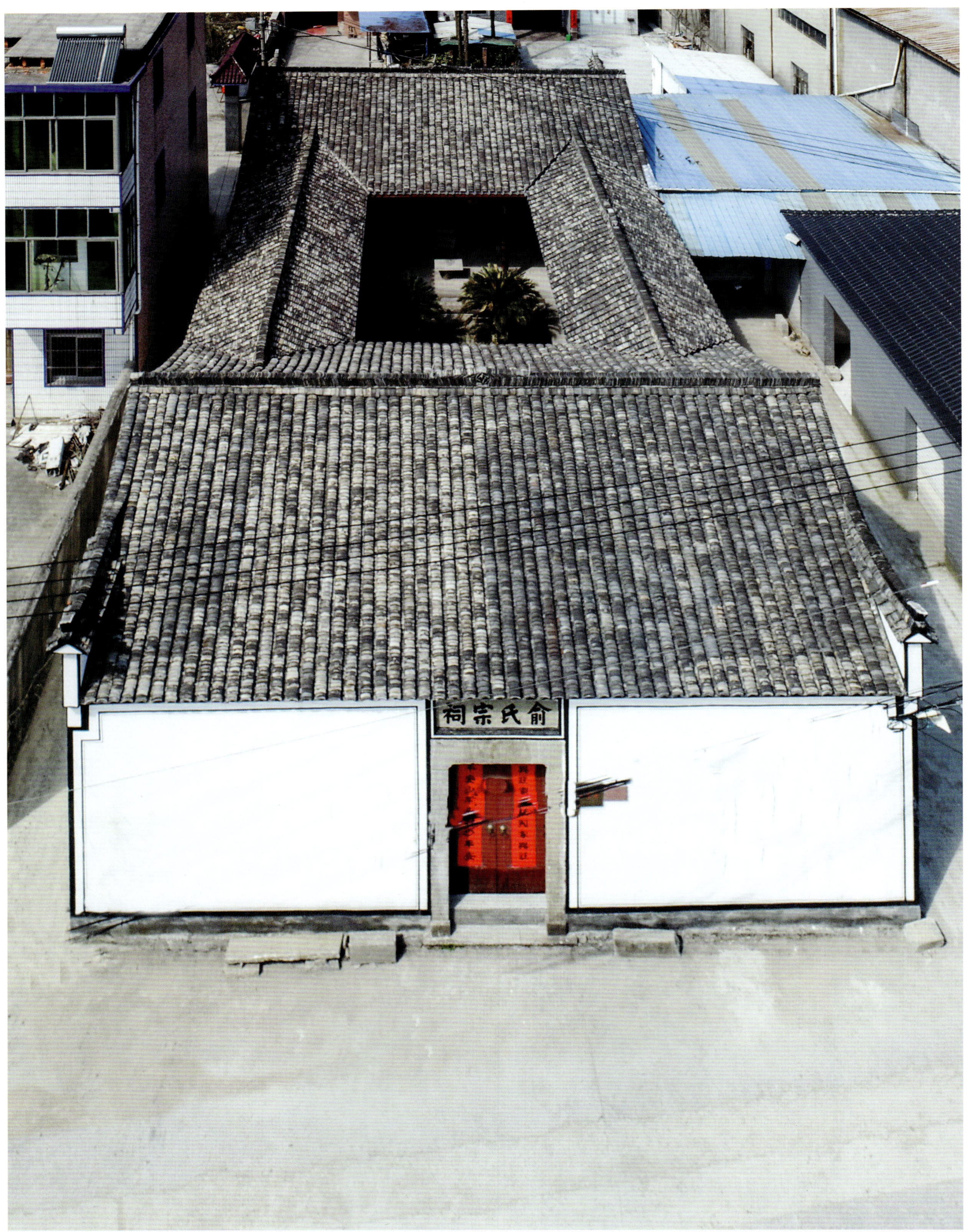
俞氏宗祠

搬迁到俞家爿的俞氏宗祠原貌只有上厅，中央上方悬挂“敦睦堂”堂号，大厅的左边上方悬挂“文魁”字样的大匾一块、大厅右边上方悬挂“藩司”大匾一块。民国三十一年（1942），本族第十五次重修家谱。俞氏宗祠得以扩建，由原来的上厅一厅，扩建为现在的三间二厅、一井、二厢的格局。20 世纪 60 年代“大办钢铁”时被毁，现经过多次修复，均已恢复。

20 世纪 50 年代，宗祠曾办过小学，堆放杂物；“大办钢铁”时期，祠堂内办过炼钢炼铁的炉子，祠堂内的设施完全被毁；60 年代初办过畜牧场；改革开放前，上厅办过蘑菇房，下厅在粮食收获时被做仓库使用。

2017 年 10 月至 12 月底，筹款 45 万，对祠堂的外墙进行了全面修建，屋顶的瓦片更换，外观已恢复了祠堂原貌。2018 年 3 月，由族人捐款 18.3 万元，修复俞氏祠堂。现已焕然一新。

2004 年俞氏宗祠被杭州市园林文物局列入“杭州市文物保护点”，被富阳区文化广电新闻出版局列入“富阳区文物保护点”。（俞关水）

富阳渌渚俞家村

俞氏宗祠　敦伦堂

富阳渌渚俞氏宗祠敦伦堂，位于富阳区渌渚镇阆坞大同片俞家自然村。本族自婺转辗迁徙至本村，于今历时已达500年左右。据《富阳渌渚俞氏敦伦堂宗谱》记载：“本支俞氏始于明时，由金华豹石迁于桐邑之南晦。至七世孙大保公，又由南晦迁于桐邑之乌泥口。至十四世孙达麋公，再由乌泥口迁于新邑之南高山师湾里。至十五世佛公，复由师湾里移居阆坞，见该地山青水秀，遂筑室而居焉。”

清乾隆十九年（1754）、乾隆六十年（1795）、道光十八年（1838），该族俞氏曾三次纂修宗谱。2011年，又续修新谱。

清朝该族十八世梦字辈族裔，鸠工庀材，创建宗祠，构建规模虽小，但精美典雅。民国三十七年（1948），族裔承义公将该祠扩建，六间一进，二厢廊房，建筑总面积约400平方米。正厅居中上方悬挂“敦伦堂”匾额，左侧上方悬挂“望重相山”匾额，右侧上方悬挂“懿彰阙德”匾额。引堂楹联左柱为“豹石分乌泥独喜狮湾衍瓜”，右柱为“凤山朝龙岗且看蝙蝠吐金钱”；中堂楹联左柱为“极本尊亲可谓至德要道”，右柱为“光前裕后所望孝子孝孙”；下进设置戏台，台柱楹联左为“弦歌清音宣德泽”，右为“宫商雅韵颂神庥”；戏台正中上悬“燕翼流芳”为原存匾额。八字台门原存楹联左柱为“蕴藻流芳苹繁焕彩”，右柱为“宗支繁衍录与凭依”，余则均为复制品。

中华人民共和国成立后，该宗祠多次被改作他用，曾作为民兵宿舍、小学校舍、食品加工厂、轧石厂、农业生产队粮食仓库等场所。改革开放后，方始逐步恢复原貌。2010年，族人集资10多万元重修一新。（俞关贵）

7 富阳新桐俞家村

俞氏宗祠　永裕堂

富春桐洲俞氏宗祠永裕堂，位于富阳区新桐乡桐洲岛俞家村。本宗起源于江西的道冲公，公于唐大中二年（847）入仕，官至江西转运判，尊其为富春桐洲俞氏永裕堂始祖。其第四代裔孙文庆公，居浙江新昌；文庆公次子爽公，又从新昌迁徙诸暨。爽公次子宏祖公，又从诸暨迁往桐庐。

元至治、至正间（1321—1368），宏祖嫡孙帮军，生三子，长子琼孙、次子玉孙、三子瑶孙。据宗谱所载，长子琼孙，迁往上虞；三子瑶孙，仍居桐庐。次子玉孙，喜欢远游隐居，一次他来到东梓尖观潮时，偶尔发现桐洲被江水环抱，且江北青山迭峦，岛上土沃水清，心中顿生长居此地之意。于是，他就在桐洲造屋安家，渔

耕为业。从此，玉孙公的嫡系俞氏子孙就在这景色迷人的桐洲岛繁衍生息，至今已历时 670 年之久。玉孙公被尊为富春桐洲俞氏宗祠永裕堂的始迁祖。

明万历元年（1573），本族第九世裔子良公，为上厅立匾额“永裕堂”。清光绪十七年（1891），本族裔世云、荣光、荣海、振兴诸公，扩建下厅。

20 世纪 80 年代，永裕堂上厅由于年久失修，破损严重。俞氏族人修缮了西北倒塌墙角。2007 年，永裕堂上厅由于白蚁蛀蚀，瓦漏椽霉，梁柱破损，墙体倾斜，族人们又一次出资维修，按每个男丁出资 50 元，为上厅在柱子间加固了钢筋，并全面翻瓦，补修了较严重的阴角、椽柱等。

2016年，富阳区文物局拨款人民币40余万元，对永裕堂上厅予以全面整修。整幢建筑整修后，面貌焕然一新。（俞金良）

富阳新桐俞家村

俞氏宗祠　中和堂

富春桐洲俞氏中和堂宗祠位于富阳区新桐乡桐洲岛（富春江中之沙州）俞家村内。百里春江流经“桐洲嘴头”至此一分为二，江水分流到东梓关，又合二为一。这一分一合之间，天然镶嵌着一块翠绿的江中浮玉“大桐洲”，桐庐与富阳两县，以此为界。斯地“烟雨桐洲”之美景，即为富阳新十景之一。这块 4 平方公里的沙洲中心，深藏着一个具有 600 多年历史之“俞家古村”。古村东面，静卧着富春桐洲俞氏中和堂宗祠。

元至正二十年（1360），本宗俞氏玉孙公自桐庐迁居至江中洲岛，是为斯地俞氏始迁祖。其后裔延至第十六代文倬公时，析分各支，时虽有族人上千，惜无宗祠以祀先祖，公遂首议其事，纠集各房各户宗人，有钱出钱，有力出力，齐心合力予以营造。于清乾隆三十五年（1770），卜地择吉动土开工，历时四年方始竣工。宗祠堂号曰“中和”，取自俞氏始迁祖玉孙公之字，族裔永思先祖恩德，遂以其字为堂名。

该祠总建筑面积占地520余平方米，坐东北，朝西南，砖木平房结构。由前厅、中厅、后厅、厢房及前后天井组成。廊檐由六根方形石柱支撑，镌刻“遵礼往来衣冠须正；循规出入子弟乃佳”、“试看孝子慈孙到底有好结局；莫道高山流水当今未必知音”等联。雕花斗拱与檐柱护梁牛腿，均雕饰花草精美图案。三开间中厅宽敞明亮，抬梁式和穿斗式梁架组合。前天井两侧，各筑厢房。三开间后厅雕饰简朴，地坪高于中厅。前天井青石砌墁，面积较大。后天井面积虽小，但显精致，青石砌墁，水渠间设隔水石锁。堂内曾陆续挂过58块匾额，如“中和堂”、“文魁”、“贡元”、“盛世良民”等等。整座建筑，形制规范，恢弘坚实，雕工细腻，堪与桐洲岛“接春江而砥柱，界两郡（桐庐、富阳）而中分”相媲美，具有实用价值及历史文物意义。

民国时期至1985年，富春桐洲俞氏宗祠中和堂主要功能被用于办学，遂成为桐洲完小校舍。1985年，桐洲完小搬迁于别处新建校舍，本祠便处于空置状态，渐为存放杂物及俞氏耆老停放寿材之地。2011—2012年，该村俞氏族人完成第十次《富春桐洲俞氏中和堂宗谱》续修工作，并举行圆谱祭祖典礼，于时方始清理出祠内存放诸物。尔后，富阳市文物保护部门对此祠专门立项，由富阳市政府财政部门拨款予以修缮，富阳市人民政府立碑，公布该祠为富阳市文物保护单位。现已成为俞家古村落综合文化礼堂，富阳区级非遗项目俞家竹马队及村民文娱活动排练演出场所。（俞雪堂）

桐庐富春江俞赵村

俞氏宗祠　存诚堂

桐庐俞赵村俞氏宗祠存诚堂，位于俞赵村大街中段的北侧。祠有两进，大门为排式大门，置前沿廊，廊顶为卷棚顶，六枝檐柱刻有人物故事，牛腿保存完好。前后进的风格有所不同。前进是清代末期和民国年间的风格，梁架略显单薄，讲究雕刻装饰。前进明间有戏台，戏台顶棚上有鸡笼顶，两旁有看台。后进则保留着一些明代建筑的构件和风格，粗大的立柱，磉蹬磉板，肥厚的月梁，似为明代的遗物。整个后进显得简洁、稳重，自有一种威严。整座俞氏宗祠给人以大气和沉稳的感觉。

据传该宗祠为明朝俞都堂所建。俞都堂讳谏，明弘治三年（1490）进士，正德间任都察院御史，从一品，嘉靖三年（1523）执掌都察院事，朝廷倚为栋梁。他在巡抚江西任上，见宁王朱宸濠有反叛之心，即连续上奏朝廷揭露，因一直未得到朝廷批答。宁王更为嚣张，俞谏遂托病辞归故里，闭门不出六年。在这期间他主持建了俞氏宗祠。俞谏辞官不久，宁王果然反叛，朝廷明白俞谏是忠良之臣，重新加官封爵，启用俞谏，而后俞谏离家就进京继续为官去了。

至今俞赵村还有关于俞谏私造金銮殿的传说：俞谏仿照金銮殿在家乡造了府第，有人向朝廷举报，这可是叛逆之罪，朝廷立马派人来查。俞谏得知后即叫家人将府第拆除，并种上苎麻。朝廷派来的人到俞赵一看，一片绿油油的苎麻，并没有造金銮殿这回事，于是俞谏逃过了这一劫。

俞氏宗祠建成后，命名为“存诚堂”，存诚、真实、天真纯一之意，或与俞谏此段历史有关。

俞谏恩师姚江王守仁（王阳明）送给“源远流长”匾额一块，同朝为官的严嵩送来石狮子一对，坐落在宗祠大门两侧。石狮子在“文革”期间不知去向，同时门档也没有了，仅须弥座尚存。俞氏宗祠从明至今，历经400余年，几经沧海桑田，至今尚完好保存，承载着传统文化和悠久的历史。（俞伟民）

建德下涯联和村

俞家俞氏宗祠

联和村俞氏宗祠，位于建德下涯联和村俞家。该族始祖自湖南徙居建德马目俞家村。历史悠久，有千余年，先祖是木工出身，因手艺才华出众，被皇帝钦点去南京建造皇宫，深受皇帝青睐，后被留用在京城，教授皇家工匠。

原有俞氏家谱，“文革”时被毁，故始祖世系、名讳失考。据当地俞氏长者口口相传：当时俞氏繁衍兴旺，有七百余人，在明朝年间兴建了俞氏宗祠，受皇帝御封，文武百官经过俞家，文要下轿，武要下马。据老辈口传，祖上有两个儿子迁居到桐庐俞赵。桐庐俞氏繁衍兴旺。（俞伟民）

俞氏宗祠
万家欢喜庆太平
百业兴隆歌盛世

俞氏宗祠

余杭百丈半山村

俞家祠堂

余杭半山村俞氏宗祠始建于明朝末年，至今已有五百多年的历史，据《俞氏宗谱》记载，先祖俞承中，字公临，率妻、子及邑人从河间郡（今河北省献县）迁居临安亭趾（今属余杭），不久转迁百丈半山村。俞氏忠厚传家，世代名人辈出，书画家俞清泉甚为有名。

当时该村原有一望族王家，因家道中落，将主屋卖给俞家，俞家便将此屋改建为俞氏宗祠。俞氏宗祠建筑面积六百多平方米，为一层三进六间古建筑。四面高墙巍然挺立，粉墙黛瓦，大梁、木柱、桁条雕工气势恢宏。前门木制门楼，挂有“俞氏宗祠”匾额，为清乾隆五十一年（1786）余杭知县俞文作所题。石门槛高尺半有余，

大门两侧方形石鼓墩有两米多高，进门设有戏台；第二进有一大天进，地面由大块青石铺成。屋顶木制房梁，雕梁画栋，气势雄伟；上方悬挂一大匾额，题有“礼法所在”四字，相传此处是族长和本族管事者议事和家训之处；第三进为祖先堂，供奉祖先牌位，由上至下，二十八代子孙，祖先堂正中题有“忠厚传家”四字的匾额，两边方形柱脚挂有一副对联：“传家数百年志在积德，子孙几十代心存忠厚。”这也是俞氏家训之宗旨。左侧有一“文章屋”，是私塾先生为俞氏子孙教书的地方。据史料记载，时任余杭知县俞氏之子俞文作，赐进士出身，为官清廉，正直无私，深受百姓爱戴。其去世后葬于半山村高扶天山顶之上，御赐石刻墓碑，碑文至今仍清晰可见。

俞氏宗祠是半山村保存比较完整的明清时期的古建筑，半山村委对这一历史古建筑甚为重视，已组织人力修缮部分遭到损坏的建筑，使俞氏宗祠再现光辉。（半山村提供）

衢州莲花桥东村

俞氏宗祠　和旸堂

据江西省上饶市广丰区东阳乡湖口村《苏峰俞氏宗谱》所载，苏峰俞氏始迁祖旦公于宋初自安徽歙县溪西徙居广丰南隅山茶塘边，衍至第十七世祖贤增公再迁三十九都苏峰（今广丰区东阳乡湖口村）族居发祥。清咸丰八年（1858）春，太平天国运动席卷广丰境内，苏峰化为废墟。而后兵燹初定，第三十一世祖维新公等遂邀族人，挈家眷，负耒耜，适浙衢西邑之东村（又称“童村”，今浙江省衢州市莲花镇桥东村），见其野可耕，泽可钓，遂卜居于斯地。其后，苏峰族人自湖口踵至，子姓日昌，维新公等复倡议建祠，以安祖灵，是为“和旸堂”。

和旸堂为三进二院式砖木结构，首进始建于清同治年间（1862—1874），光绪三年（1877）再建中、下二进。祠成后，因虫蛀风蚀，桥东俞氏曾多次对宗祠进行维修。2014年，乡贤徐仁发会同村委会和桥东俞氏，乘兴办乡村文化礼堂之机，对该祠予以全面整治。竣工后，由时任衢江区区委书记朱建华题写“和旸堂”匾额，悬挂于堂内正梁上。

和旸堂不但是桥东村的文化礼堂，更是桥东俞氏祀祖和议事的圣地。每逢冬至，桥东俞氏族人除举行庄严的祭祖仪式外，还组织族人诵读俞氏家训，以启示后人缅怀祖德宗功，传承优秀家风。

除广丰苏峰俞氏的支裔析居桥东外，广丰杉江俞氏亦有支系于此蕃衍。两者虽同处桥东，和睦共荣，但谱系各修，昭穆未紊。（俞文军）

13

诸暨暨南淀荡畈村

水底俞俞氏宗祠　攸叙堂

水底俞俞氏宗祠坐落于诸暨暨南街道淀荡畈村，据谱载，堂名曰“攸叙”。宗祠为五楹二进二庑厢，前厅设有万年戏台，大门上方挂有“俞氏宗祠”匾额，正厅悬挂“攸叙”堂额，后厅设有神堂，供奉列代先祖的神位。

该宗祠建于清初，结构精美，雕梁画栋，牛腿飞檐，墙上壁画栩栩如生，美轮美奂。宗祠经历代先贤谋划，多次集资修绪，现保存完好。

水底俞俞氏保存着一套12册完整的俞氏宗谱，与桑园、安家坞、闸头俞石马村、衢西联合辑一谱。始祖梁公，宋绍熙中御史中丞。建炎初，遭金乱随驾南渡居越。生三子，亨衢、亨宗、亨道。亨宗隆兴间为刑部尚书，生昱、晟、昂，以文荫承事郎，居山阴温渎乡。生钰、钖、铛。钰宋乾道年间敕为龙图阁学士。生仁洽、仁化。洽居山阴感凤乡，与俞店同宗。仁化公之孙迈，入赘暨阳上泉里赵希鹄公之女，赵村水底俞之族皆迈公裔也。白菓树下、安家坞、桑园俱为铛之子湖州府教授仁政公之裔也，分为三，皆晟公派。（俞尚明）

黄岩北城唐家岙村

俞氏宗祠

浙江台州黄岩唐家岙俞氏宗祠坐落在原唐溪岙村内，该村现改名为云尚村。据宗祠石碑记载，祠建于清嘉庆二十二年（1817）仲冬。碑载第五世俞享龄同妻何氏，据老辈口传，由三门县娄坑村迁移至此。全村现有俞姓人口近百人。

该祠建筑原由七间一层砖木结构组成，由于年久失修，几经倒塌。2014年，俞氏族裔荷青、学志、文虎、国华等诸君首事筹资，重建该祠，竣工后，建筑为七间一层砖混结构组成，其面积和朝向均与原祠一样。（俞学志）

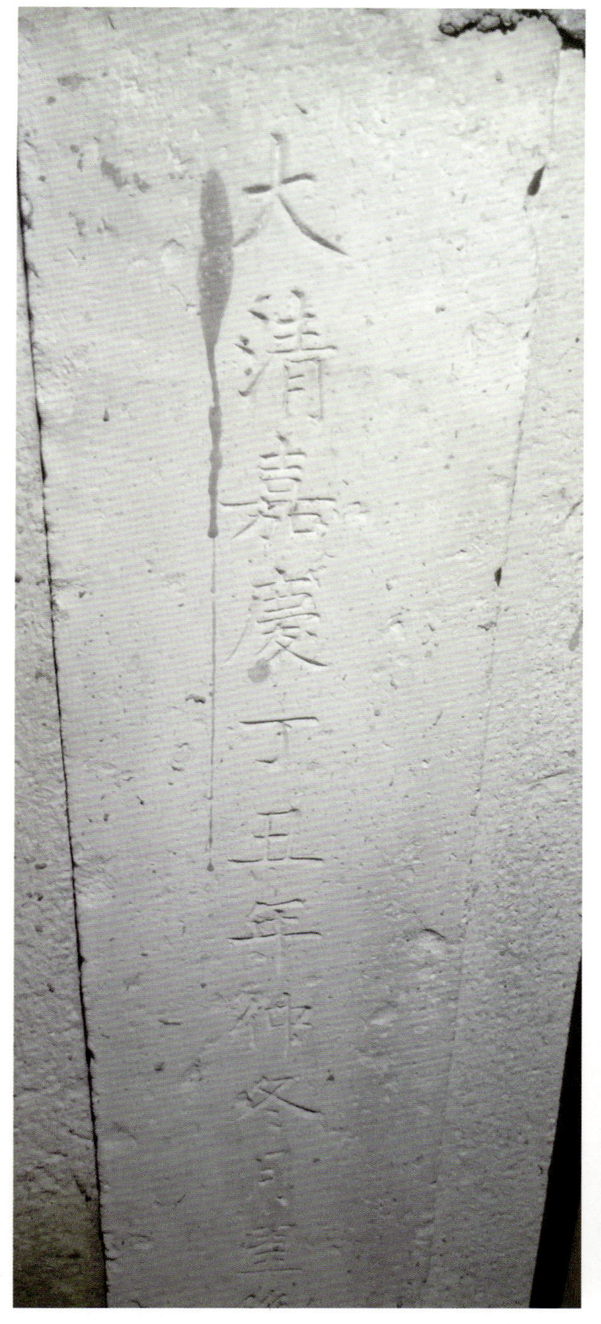
大清嘉慶丁丑年

第五世

松阳水南玉湖小区

俞氏宗祠

松阳县水南街道市口牛头山俞氏宗祠，系从本邑玉岩镇召楼村召楼圩迁建，于2013年竣工，原宗祠始建年无考。重建宗祠三开间，中堂上挂“紫微銮驾”匾一块，右侧供奉迁松阳世祖以下列祖牌位，道地前围墙中建有头门，上书“俞氏宗词”。2013年，因松阳县建造黄南饮用水库，玉岩镇召楼村整体搬迁，原住召楼村俞氏现移居于水南街道玉湖小区。

据《松阳赵（召）楼俞氏宗谱》载，明公（1486—1580），富行号三，由江信永丰杉溪迁浙江处州松阳大竹溪遂居焉，裔孙天盛公（1782—1851），明字行，一身迁赵楼（玉岩镇召楼村），是为赵楼俞氏始祖。赵楼俞氏 200 多年来，分别于咸丰元年（1851）、光绪十一年（1885）、民国十二年（1923）续修宗谱 3 次。

松阳玉湖俞氏随着迁徙地不同，历史上称杉溪俞氏，垅头山俞氏，赵楼俞氏，而今迁徙新立村坊松阳玉湖村，故冠以“玉湖俞氏”称谓。（俞益弟）

淳安枫树岭里湖村

俞氏宗祠 集义堂

据《遂安乳川俞氏宗谱》记载，遂安乳川俞氏肇自淮南，迁于遂安。宋时，有讳雅公，任武强教谕，解组后适罹金乱，道途修阻，遂乘白马率子孙卜居礼坞（后改里湖），是为遂安始居祖。

雅公因不忍没其祖父，为志永感之情，遂推源尊其祖，宋宣议大夫，讳腊公为一世，其父，朝议郎，讳礼公为二世。礼公生四子，孟、仲、叔俱居淮南，季即雅公。

传五世至世兴公，绍兴间，捷南宫，累官都虞侯。其子汝霖公，功著史册，进阶金紫光禄大夫、两浙转运使，族乃大显，其后书香济美，奕世冠裳。

为敦宗睦族，怀始思初，乳川俞氏族人创建宗祠，安妥先灵，禋祀蒸尝，时必有祭。

该祠坐落于里湖村的乳川俞氏宗祠为面阔三间、前后两进的木结构祠堂，飞檐斗拱，雕梁画栋，古朴中透着历史的凝重。

该祠曾被红军北上抗日先遣队设为司令部。2012 年，被中共杭州市委列为杭州市党史教育基地；2014 年，被淳安县列为一类历史建筑；2017 年，被淳安县关工委列为青少年红色教育基地。（俞文军）

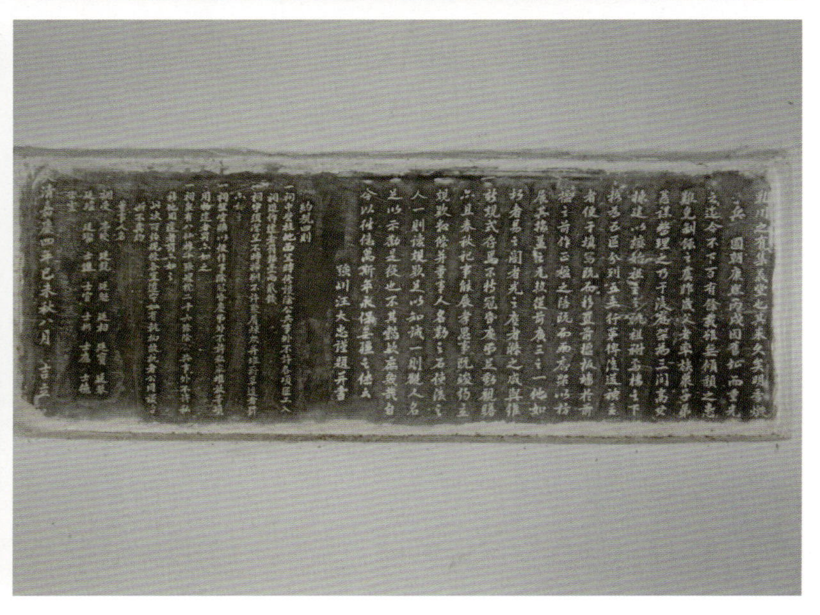

17

衢州衢江太真塘坞口村

俞氏宗祠　世德堂

据《仰天池俞氏宗谱》载，仰天山俞氏，源出遂安乳川俞氏。遂安乳川俞氏尊宋宣议大夫、讳腊公为一世祖，其孙讳雅希声公（雅公之兄有三，俱居淮南）仕宋，为睦州武强教谕，因遭金人兵乱，遂乘白马避迁凤林八都，且名其地为白马，是为遂安乳川始居祖。其后派衍不一，若陕西，若辽阳，若常山等，至十八世祖璋公（巳一）、琜公（巳二）兄弟往外游猎，迁居西安三十五都仰天池（即今衢州市衢江区太真乡塘坞口村仰天山），遂被共尊为仰天池一世始迁祖。在移居仰天池不久，即创建香火堂以祀先祖。

仰天山俞氏宗祠（世德堂），三楹两进，2013 年被衢州市衢江区列为文物保护点。因处高山环境，免不了风雨虫蠹之侵蚀，故于近年曾在保持原貌的基础上，将正门、瓦椽及部分木柱的下端进行了更换修复。

走进宗祠，映入眼帘的梁枋精雕，天井青苔，以及略显风化的木柱、石墩，肃穆庄严。（俞文军）

俞氏宗祠
岁月峥嵘逢子鼠

老少平安千秋乐

18

衢州衢江太真下槽坞村

俞氏宗祠　世德堂

据《下槽坞俞氏宗谱》记载，俞氏源出仰天池俞氏。仰天池俞氏共尊璋公（巳一）、琛公（巳二）一世祖。巳二公之后八世孙应高公，生于明万历二十七年（1599），其偕四子明通、明迁、明还、明选于清顺治年间（1644—1661）移居下槽坞，兄弟协力同创香火堂和俞氏宗厅，是为下槽俞氏发脉之始。

下槽坞俞氏宗祠原称为“俞氏宗厅”，因年久失修，已呈颓败之状。为此，族中耆老发起修祠倡议，并商定下槽俞氏，无论男女老少，每人捐助 500 元。但因现居下槽的俞氏人口尚不足 70 人，其捐助对于修复宗祠所需无异于杯水车薪。在宗族和村居的共同运作下，2018 年，将是祠改建为农村文化礼堂，从而获得政府的专项拨款，将“宗厅”修复一新，并将原来仅存一进的宗厅增建为二进，同时，加了一些配套建筑，如亭台、厢房等。

现在下槽坞俞氏宗厅的功能已发生部分变化，但寝堂上方依然悬挂着“世德堂”匾额，仍提醒着下槽坞俞氏裔孙，这里曾有着先祖创始的艰辛和不朽的功德，以及对后世裔孙至纯的护佑和殷切的期待。（俞文军）

绍兴马山渔港村

俞氏宗祠　东辉堂

绍兴马山俞港俞氏宗祠，位于绍兴市马山镇俞港（江）村。该村现改称绍兴市越城区马山镇渔港居委会。宗祠始建年无考，堂曰“东辉”。据传东辉堂宗祠正堂未建，只建有平房数间，供族人婚丧喜事使用。现仅存头进平屋三间，正堂原址已建民宅，祠前马鞍踏道（河埠头）依在，旗杆夹石及头进屋门槛，在“文革”期间被毁。

据余姚兰风十六户俞氏《时谱》记载，该族祖籍绍兴马山俞港（江），清康熙年间（1662—1722）析分到绍兴孙端镇镇塘殿，清道光十四年（1834），裔孙世纲公因故徙居姚邑兰风十六户，是为姚邑十六户始祖。（俞庭尧）

原有宗祠载录

杭州

序号	堂　号	原建地址	始建年		湮失年	备　注
			年号	公元		
1	文家堂	萧山文家堂俞氏				犹图 50 ③
2	上祠堂（民户祠堂）	萧山江西俞村东侧	明洪武年间		抗战时	
3	下祠堂（三祠堂）	萧山尖山村	明洪武年间		抗战时	
4	魁五公祠	萧山径游村上庄	清乾隆五十八年	1793	抗战时	
5	诸坞香火堂	萧山进化镇诸坞村	无考		无考	
6	诒燕堂	萧山河上镇下门村	清康熙二年	1663	1972 年	清咸丰十一年 (1861) 毁，1861—1868 年间重建
7	承启堂	萧山河上镇惠民村槐花树下	清康熙元年	1662	1958 年	自然倒塌
8	俞氏宗祠	萧山楼塔镇水阁里	明代		无查	次坞俞氏四府君派
9	敦睦堂	萧山北干街道俞家潭村	清代		20 世纪 50 年代	
10	燕翼堂	萧山河上镇甑山坞村	清光绪年间		1984 年	改建学校
11	三明堂	萧山楼塔镇路下院村	宋代		2018 年	次坞俞氏长房派
12	中和堂	富阳春江街道俞家埠村	清代		20 世纪 80 年代	次坞俞氏五世祖十三公长房
13	中和堂	富阳高桥镇部村	清代		1955 年	次坞俞氏五府君派
14	敦伦堂	临安太湖源镇里畈村			1966 年	
15	余庆堂	桐庐桐江缑岭				浙 02552 ②
16	同盛堂	桐庐分阳				浙 02554 ②
17	敦伦堂	淳安西源				国 241—0027 ①
18	集义堂	淳安（遂安）乳川俞氏				国 241—0028 ①
19	聚宝堂	建德梅城镇南峰村	明洪武年间		1958 年	毁于洪水

宁波

序号	堂 号	原建地址	始建年		湮失年	备 注
			年号	公元		
1	明德堂	镇海桃义江	无考			浙 02563 ②
2	诒毂堂	鄞南段塘村	无考			浙 02559 ②
3	光裕堂	鄞县新盐场	无考			国 241-0043 ①
4	俞氏宗祠	鄞州姜山镇俞家埭村	无考			
5	桂荫堂	鄞县东吴俞氏	无考			浙 02568 ②
6	滋德堂	东钱湖旅游渡假区洋山村	清光绪年间		1970 年	
7	树德堂	东钱湖旅游渡假区俞塘村	清咸丰八年	1858	1956 年	1945 年重建
8	世德堂	奉化楼隘村峩阳俞氏	无考			浙 02560 ②
9	显承堂	奉化奉川潘山	无考		1995 年	改建菜市场
10	维则堂	余姚城区龙泉山北麓	明永乐十八年	1420	20 世纪 50 年代	
11	是政堂	余姚兰江街道笙竹岭	无考		太平天国战火	
12	思敬堂	余姚郎霞街道俞家郎厦	康熙五十二年重建	1713	1985 年	
13	敦伦堂	余姚临山镇南学堂弄	清乾隆年间		1986 年	
14	星溪堂	余姚酱油街俞家祠堂	明代		20 世纪 70 年代	
15	星溪堂	余姚丈亭镇梅溪村俞家岙	清初		1996 年	
16	后祖堂	余姚丈亭镇梅溪村俞家岙	清初		20 世纪 90 年代	
17	大房祖堂	余姚丈亭镇梅溪村俞家岙	清初		20 世纪 90 年代	改建民房
18	二房祖堂	余姚丈亭镇梅溪村俞家岙	清初		2005 年	
19	小房祖堂	余姚丈亭镇梅溪村俞家岙	清初		2005 年	改建民房
20	慎追堂	慈溪横河镇埋马村	无考		1980 年	
21	俞氏宗祠	慈溪鸣鹤镇鸣鹤大唐俞家	无考			
22	俞氏宗祠	慈溪鸣鹤镇鸣鹤翁家岙	无考			

温州

序号	堂　号	原建地址	始建年		湮失年	备　注
			年号	公元		
1	追远堂	乐清芙蓉镇西岙	清雍正元年	1723	1958 年	公社化时拆建为食堂
2	俞功成祠堂	乐清芙蓉镇新街	民国十六年	1927	存遗址	

嘉兴

序号	堂　号	原建地址	始建年		湮失年	备　注
			年号	公元		
1	如在堂	嘉善武塘俞氏				浙 02572 ②
2	永兴堂	平湖新仓三叉河庞家俞氏	清道光年间		1966 年	

湖州

序号	堂　号	原建地址	始建年		湮失年	备　注
			年号	公元		
1	全德堂	长兴煤山罗岕峁山				
2	纯孝堂	安吉天荒坪三户村	明嘉靖年间			
3	懿德堂	长兴泗安长潮岕村	清乾隆年间		20 世纪 90 年代	改建为村委办公室

绍兴

序号	堂　号	原建地址	始建年		湮失年	备　注
			年号	公元		
1	九四堂	绍兴马山镇俞港村	无考		2017 年	2017 年全村征用
2	履顺堂	绍兴东窑俞氏				犹图 9 ③
3	俞大宗祠	绍兴齐贤街道陶里祠堂弄	无考		20 世纪 70 年代	
4	俞氏宗祠	绍兴齐贤街道陶里章溇	无考		2004 年	改建老年活动室
5	俞氏宗祠	绍兴齐贤街道陶里庙前头	无考		20 世纪 70 年代	
6	俞氏宗祠	绍兴温渎睦桥	清康熙年间		1950 年	
7	俞氏宗祠	绍兴斗门百丈溇村	无考			
8	俞氏宗祠	绍兴福全镇下俞村	无考			
9	敦睦堂	柯桥潭底俞氏	清嘉庆十一年	1806	1951 年	

序号	堂　号	原建地址	始建年		湮失年	备　注
			年号	公元		
10	禋冬堂	新昌县城四坊后街	清康熙二十二年	1683		新昌俞大宗祠
11	孔安祠	新昌县城五坊后墙弄	无考		1999 年	祭祀二十一世祖标公
12	宏三祠	新昌县城四坊后街	无考		土改为民居	祭祀二十三世祖本初公
13	羲济祠	新昌县城五坊横街二弄 18 号	无考			祭祀二十四世祖黯公
14	节愍祠	新昌县城四坊后街主讲里 4 号	无考			祭祀志虞公
15	永昌祠	新昌县城四坊张家巷二弄一号	民国十八年	1929	2000 年	由三十五世祖廷赞公三十六世祖景文建造
16	承庆祠	新昌县城五坊横街二弄 22 号	清宣统二年	1910		县城改造拆除
17	大卿祠	新昌县城五坊横街 42 号	无考			祭祀二十六世祖铲公
18	四红祠	新昌回山岭头俞村	无考			祭祀二十三世祖明公
19	善庆祠	新昌大市聚镇青坛村	无考			建长诏水库拆除
20	五峰宗祠	新昌拔茅上五峰村	无考		1980 年	拆除改建村队屋
21	俞氏宗祠	新昌拔茅泉清村	无考		1980 年	祭祀二十六世祖振标公
22	俞氏宗祠	新昌小将镇芹塘村	无考			祭祀二十七世祖澄公
23	俞氏宗祠	新昌回山镇旧住村	无考			祭祀三十世祖省初公
24	俞氏宗祠	新昌小将镇道士岙村	无考			祭祀三十五世祖廷弼公
25	积善堂	新昌南明街道眉岱村	无考			
26	俞氏宗祠	新昌梅渚村	无考			
27	联恩祠	新昌县城城四坊后墙弄	无考		1999 年	祭祀二十六世祖　公
28	继恩祠	新昌县城四坊后街	清乾隆元年	1736		祭祀二十六世祖鋐公
29	绍恩祠	新昌县城六坊更楼里九号	无考		2000 年	祭祀二十七世祖大灞公
30	承恩祠	新昌县城五坊联盟路 25 号	无考			祭祀二十六世祖铨公
31	昌后祠	新昌县城五坊后墙弄	无考		1999 年	祭祀二十七世祖大河公
32	世恩祠	新昌新林乡龙皇堂村	无考			祭祀三十六世祖朝位公
33	思则祠（雍肃堂）	新昌拔茅长诏村	清康熙年间		1970 年	祭祀三十二世祖乃积公

序号	堂　号	原建地址	始建年		湮失年	备　注
			年号	公元		
34	奉先祠（追远堂）	新昌拔茅长诏村	清嘉庆年间		1960 年	属俞氏小宗祠
35	继昌祠	新昌新林乡胡卜村	无考		2016 年	祭祀三十四世祖呈逵公
36	怀恩祠	新昌黄泽兰洲村	无考		1970 年	祭祀三十一世祖心继公
37	思孝祠	新昌黄泽兰洲村	无考		1968 年	祭祀三十一世祖兆登公
38	侍郎祠	新昌县城四坊后街	清雍正九年	1731	1951 年	祭祀二十六世祖钦公
39	俞氏宗祠	新昌拔茅白潭村下坎头	清道光年间		1959 年	祭祀三十三世祖洵尧公
40	洽恩祠	新昌羽林街道三透屋村	无考		1969 年	祭祀二十五世祖璲公
41	亨九祠	新昌拔茅王泗洲村	无考		1968 年	
42	世昌祠	新昌拔茅王泗洲村	无考		2013 年	
43	垂裕祠	新昌拔茅王泗洲村	无考		1959 年	
44	光裕祠	新昌拔茅王泗洲村	无考		1970 年	
45	承启祠	新昌拔茅王泗洲村	无考			
46	萃和祠	新昌县城四坊后街	无考		2000 年	祭祀二十一世祖松公
47	继和祠	新昌县城二坊合祥弄	无考			祭祀三十世祖国和公
48	树本祠	新昌县诚一坊东街 15 号	无考			
49	居易祠	新昌县诚一坊东街 22 号	无考		现已为民居	祭祀三十世祖国宝公
50	诚敬祠	新昌县城一坊柏树巷 52 号	无考			祭祀三十世祖国振公
51	光裕祠	新昌县城城四坊后街	无考			
52	经魁祠	新昌县城城四坊张家巷 3 弄 4 号	无考			祭祀三十世祖国俊公
53	继品祠	新昌县城城一坊	无考			祭祀三十世祖开泰公
54	滋德祠	新昌县城城一坊	无考			祭祀三十世祖国本公
55	孝德祠	新昌县城城四坊	清乾隆年间			三十二世祖其中公买基建祠
56	明德祠	新昌县城城四坊	无考			
57	百岁祠	新昌县城城一坊孝子巷 46 号	无考			祭祀二十六世祖杰公

序号	堂　号	原建地址	始建年		湮失年	备　注
			年号	公元		
58	四红祠	新昌回山镇渡河村	无考			祭祀二十八世祖学浩公
59	承启祠	新昌拔茅前岸村	无考			已改厂房
60	俞氏宗祠	新昌巧英乡三坑村	无考			已改厂房
61	俞氏宗祠	新昌东茗乡里王村	无考			已改卫生院
62	敦本祠（追远堂）	新昌儒岙镇里岙村	清光绪九年	1883	1960 年	
63	崇祖祠（奉先堂）	新昌儒岙镇里岙村	清光绪十五年	1889		
64	六盈祠	新昌回山镇前丁村	无考			
65	萃乐堂	新昌县西五都村	无考			
66	敬爱祠	新昌沙溪王罕岭村	无考			
67	贻庆堂	新昌东上三经村	无考			
68	追远祠	新昌沙溪镇新宅村	无考			祭祀侣公
69	四红祠	新昌下衣村	无考			
70	俞氏宗祠	新昌胡卜外俞宗祠	民国三十七年	1948		2016 年迁移大坪头
71	敦厚祠（知新堂）	新昌黄泽北漳蔡家村	民国四年	1915		
72	学东祠	新昌县城城二坊				祭祀十二世祖全益公
73	古邦堂	诸暨秀松中学校址	清道光二十年	1840	1980 年	次坞俞大宗祠
74	敬爱堂	诸暨次坞老街牌轩口上	明正统五年	1440	1965 年	习惯称外祠堂
75	景和堂	诸暨次坞老街牌轩口	清光绪三十一年	1905	1960 年前	景六公专祠
76	德馨堂	诸暨次坞高道地西面	明代		待修	武二公小祠堂
77	永言堂	诸暨次坞村大院里村交界处	清道光年间		1980 年	称安公祠堂
78	可忍堂	诸暨义源村姜家坞自然村	清代		1990 年	次坞聪一公支派
79	伦叙堂	诸暨义源村大庄自然村	明代		1980 年	次坞聪一公支派
80	永言堂	诸暨次坞上连村上河婆桥自然村	清代		1980 年	次坞惇裕堂分支
81	敦睦堂	诸暨新徐坞杨村里徐坞口	明代		2003 年	次坞惇裕堂分支

序号	堂　号	原建地址	始建年		湮失年	备　注
			年号	公元		
82	开宪堂	诸暨次坞溪埭村	明代			现存中厅
83	敦厚堂	诸暨溪埭村上半村	清代			
84	开宪堂	诸暨次坞溪埭村	无考			
85	诚一堂	诸暨次坞大桥村南	明代		1960 年	改建粮仓
86	集庆堂	诸暨应店街镇留霞庄村	明代		1970 年	次坞五府君长房派
87	中和堂	诸暨直埠镇甲堂村	明代		1970 年	次坞五府君长房派
88	作述堂	诸暨直埠镇紫草坞村	明代			次坞四府君幼房派
89	瑞竹堂	诸暨枫桥镇钟瑛村	明弘治年间			次坞四府君幼房派
90	彝伦堂	诸暨城关山后村	清代		2005 年	次坞溪埭村支派
91	仁德堂	诸暨三都俞史张家	明代			次坞聪一公派
92	遗古堂	诸暨次坞古竹院村	清代		1980 年	次坞贵五公聪一公派
93	永思堂	诸暨次坞凰桐村	清代		1960 年	新昌派
94	树德堂	诸暨次坞石马坞村里半村	清乾隆五十年	1785	1980 年	改建民房
95	馀庆堂	诸暨次坞上俞村	明天顺年间		1994 年	改建为村老年活动室
96	敬和堂	诸暨次坞珠桥村柳家塔	清代		1962 年	次坞俞氏十五世虞四公派
97	合荆堂	诸暨会议桥村	清乾隆年间			
98	雅言堂	诸暨次坞新村八亩山出口	清代		20 世纪 70 年代	次坞俞氏十二世聪一公派
99	诒燕堂	诸暨次坞镇红旗村泽坞	清道光十年	1830	1956 年	现存后厅五间已修缮
100	中和堂	诸暨陶朱街道潭俞村	清代			
101	中和堂	诸暨店口镇三江口	清代			
102	中和堂	诸暨大唐镇俞王村	清代			
103	攸叙堂	诸暨水底俞村	清代			
104	时思堂	诸暨义年村	清代			
105	永锡堂	上虞丰惠孟石桥东 200 米	无考		20 世纪 70 年代	俞大宗祠，坐东朝西

序号	堂　号	原建地址	始建年		湮失年	备　注
			年号	公元		
106	永锡堂（小祠堂）	上虞丰惠镇俞家弄	无考		1968 年	
107	思成堂（祖堂）	上虞丰惠五云村俞家坝	无考		2018 年	百官思成堂支系
108	思成堂	上虞百官	无考			
109	孝思堂	上虞崧厦镇	无考			
110	永锡堂	上虞章镇大勤俞傅村	无考		20 世纪 60 年代	20 世纪 50 年代初被作供销社，后被拆
111	永锡堂	上虞蒿坝村	无考			
112	伟一祖祠（敦本堂）	嵊州苍岩街市西南	无考			祠堂现成民居
113	镃二祖祠（世显堂）	嵊州苍岩后门塘段	无考			小四脚祠堂
114	朴庵祖祠（绘庆堂）	嵊州俞大宗祠西边	无考		20 世纪 70 年代	小脚祠堂
115	伟三祖祠（缵绪堂）	嵊州苍岩俞大宗祠西边	清光绪三十四年	1908	20 世纪 70 年代	
116	元峰公祠（祇肃堂）	嵊州苍岩街市段北首	无考		2003 年	牛角祠堂
117	敬世祠（锡类堂）	嵊州苍岩岩根段	无考		2002 年	
118	容庵公祠（景山堂）	嵊州苍岩岩根段牌坊边	无考		2004 年	牌坊祠堂
119	缙斋公祠（五思堂）	嵊州苍岩街市段北南	无考		2004 年	新祠堂
120	两川公祠	嵊州苍岩岩根段	无考		1934 年	
121	怀远堂（老祠堂）	嵊州苍岩殿前村中心	明崇祯十七年	1644	1958 年	改建大会堂
122	彝宪堂（新祠堂）	嵊州苍岩殿前村下边	清道光十年	1830		

金华

序号	堂　号	原建地址	始建年		湮失年	备　注
			年号	公元		
1	备顺堂	金华金东浦口村	明万历年间		1979 年	
2	斜伦堂	金华金东浦口村				
3	崇本堂	金华金东浦口村				
4	善庆堂	浦江浦阳俞氏				国 241－0139 ①

序号	堂　号	原建地址	始建年		湮失年	备　注
			年号	公元		
5	厚馀堂	兰溪永昌街道杨塘村	明万历 四十三年	1615	2002年	年久塌陷
6	白果堂	兰溪游埠镇下俞村中厅	明天启五年	1625	1852年	
7	上德堂	兰溪游埠镇下俞村上厅	明天顺二年	1458	1988年	
8	中德堂	兰溪游埠镇下俞村中厅	明景泰三年	1452	1973年	
9	树德堂	兰溪游埠镇下俞村下厅	明正统五年	1440	1962年	
10	馀庆堂	义乌义亭镇杭畴俞村			1977年	
11	澄正堂	义乌城西西俞村	清乾隆十三年	1748	1990年	
12	俞大宗祠	东阳巍山镇水阁村	南宋末		1986年	乾隆八年重修
13	俞氏宗祠	东阳虎鹿镇溪口村	民国三十一年		1942年	
14	俞氏宗祠	东阳佐村镇俞家村				现改村大会堂
15	俞氏宗祠	东阳三单乡下阳村				现已倒塌
16	俞氏宗祠	永康俞溪头村	元代		1967年	百三公祠
17	德信公祠	永康俞溪头村	民国二十年	1931	1999年	
18	沙泉公祠	永康俞溪头村	明代		1951年	1948年重修
19	廷瓒公祠	永康俞溪头村	民国十九年	1930	2010年	
20	可亭公祠	永康俞溪头村	民国十年	1921	1972年	
21	清正公特祠	永康俞溪头村	民国六年	1917		
22	俞炳通公祠	永康赤岩口村	清光绪五年	1879	1977年	
23	仕弥公祠	永康天表村		1937	1966年	
24	俞根公祠	永康仙岩村		1933	1975年	
25	俞氏宗祠	永康俞皮村				
26	景科公祠	永康前俞村	民国十三年	1924	1991年	

序号	堂　号	原建地址	始建年		湮失年	备　注
			年号	公元		
27	思恩祠	永康三井头村	清乾隆二十五年	1760		
28	慎德堂	东阳巍山镇水阁村	南宋末		1986 年	

衢州

序号	堂　号	原建地址	始建年		湮失年	备　注
			年号	公元		
1	永裕堂	衢州桐州	无考			浙 02594 ②

台州

序号	堂　号	原建地址	始建年		湮失年	备　注
			年号	公元		
1	俞氏宗祠	仙居横溪镇下溪村	无考		1985 年	火灾

丽水

序号	堂　号	原建地址	始建年		湮失年	备　注
			年号	公元		
1	俞氏宗祠	丽水莲都下水南上村	清康熙年间		2018 年	1875 重建
2	俞氏宗祠	青田高坟岗老屋自然村	清光绪十六年	1890	1951 年	
3	俞氏宗祠	龙泉下林村	无考		2017 年	
4	香火堂	龙泉北乡俞山头村	清康熙年间		1973 年	
5	俞氏宗祠	缙云前路水口村	元至顺元年	1330	1953 年	1798 年曾重修
6	良九公祠	缙云三溪乡井南村前店	清道光二十一年	1841	2004 年	倒塌改建作他用

注：原有宗祠名录顺序按行政区划排列，县、区以下不分先后。

①指全国家谱总目提要编号；

②指浙江省家谱总目提要编号；

③指美国犹太州图书馆家谱馆俞氏目录编序。

跋

《浙江俞氏宗祠》图集组稿至今历时二年余，终于成稿付梓。是书编录浙江俞氏家族现存祠堂，将现存散落在全省各地的宗祠以图文记录留传于后代，也是浙江俞氏家族史料抢救性的汇编，凝结了浙江俞氏族人对祖宗的尊崇之心，是家族史料的一项文化工程，可谓功德无量！

宗祠作为族人祖宗灵魂栖息地和历史映像见照，它不仅凝聚了族人的家国情怀，更是激发族人传承中华优秀文化的场所。祭拜祖宗，敦亲睦族，在当今社会主义新时代建设和谐社会、美丽家园、富民强国的历史进程中，宗祠仍有其独特的积极作用。

中华民族有着五千年的文明史，家族文化是其极其重要的组成部分。以何种方式传承发扬和践行这国之瑰宝，一直是浙江俞氏族人思索和探求的课题，2018 年初，我们提出编辑图集的设想，得到全省宗亲的热烈响应。是年 3 月 17 日，编录工作正式开启。两年多时间里，我们走访了全省 90 余个俞氏村落，召开了 9 次编辑会议，67 位宗亲为之撰稿。通过现场踏勘、座谈、查阅相关族谱等方式，基本弄清全省分布在 11 个地区中 43 个县（市、区）的 112 个俞氏村落，现存 129 座俞氏宗祠现状，同时对历史曾有现已不存在的 206 个俞氏宗祠进行了名录登载。在这 129 座俞氏宗祠中，有 150 年以上历史的 49 座；从祠堂规制分类有最高等级的俞氏家庙 6 座，属分支祭祖之用的香火堂（祖堂）13 座。尤为值得赞赏的如海曙古林俞氏分支迁徙历史较短和族人较少的舟山俞氏，宗祠虽因城中村改造而拆，但在宗亲们的努力和在当地政府的支持下，仍新建祖堂 8 座。又如宁海马岙俞公家庙、武义俞源俞氏宗祠、鄞县横溪俞家山俞氏宗祠，历史悠久，且保存完好。也有象山新岙俞氏宗祠、鄞县古林俞氏宗祠、诸暨次坞中和堂俞氏宗祠、萧山江西俞桃源俞氏家庙、嵊州前岗俞氏祠堂、平阳俞思坑俞氏宗祠等，是斥巨资新建或修缮的宗祠。现存的宗祠无论是历史久远还是现代新建的，不仅是浙江俞氏对列祖列宗的缅怀，更是中华传统孝道文化传承的典范，对民间古建筑保护亦有着不可估量的历史意义。这些俞氏宗祠中属市级以上文保的有 7 座，其中属全国文保的有 4 座。宗祠中不乏有历史价值的历代名人书写匾额和楹联以及明清时代的碑刻，充分体现了俞氏子孙不忘祖宗和保护历史文物的忠孝悌义之道。

在该书编辑过程中，我们十分注意对浙江俞氏族脉迁徙分析的研考和梳理。“水有源，树有根”，聚居浙江的俞氏历史悠久繁衍兴旺，且家族文化底蕴深厚，在整个中华俞氏族亲中占有重要一席。“溯源究根”是家族历史研究的重要任务。按照“有据可依方为祖”的科学态度，对族脉溯源，遵照三个原则，一是依照本族宗谱记载的始迁祖为主干；二是有同源的其他族谱为佐证；三是历史以来大多数族人所认同。通过对现有各族脉宗谱世系记载考证为依据，梳理出浙江俞氏的 7 支主要族脉，为俞氏宗亲寻根问祖提供有据可考的线索，如温州瓯北俞氏、长兴罗岕俞氏和松阳杉溪俞氏就是通过族脉世系的研考，寻到自己的祖源所出。在族脉梳理过程中，也澄清了以往某些口传误处，避免了同宗不同源的混淆，使血脉之宗认定经得起历史的检验。由于史料的相对缺失，我们注重以始迁祖为祖源的考证定位，对始迁祖以上的祖源认定如宗谱中无确切记载，或失考、断代和族人不认同的不作轻易定论，更不随意“挂靠”，避免以讹传讹。由于历史时代的变迁，对文稿中世系描述，十分注意其时代历史背景、地名沿革、生卒年代、职衔称谓、名讳称呼等方面的查考，查核王史为据，予以规范表述，详尽论证，尽可能准确描述。

《浙江俞氏宗祠》的出版，是浙江俞氏后裔的一件大事，弥补了以往省域俞氏家族历史未曾有过相对全面的史料汇集之空白。该书为俞氏宗族历史的资料汇编，只是掀起了浙江俞氏家族历史的冰山一角，不能算作权威之作，但为浙江俞氏后代留下了家族珍贵的历史资料。期望是书能起到抛砖引玉之作用，供有志于研究俞氏家族历史文化的宗亲和学者进行深入研考，期待有更多的客观真实史料挖掘呈现，这就是我们编辑《浙江俞氏宗祠》的初心！

值此书出版之际，谨向所有为此而付出辛劳和奉献的宗亲，及家谱研究学者周可达老师、余杭好好广告公司高小丽女士的精心策划，表示深深的谢意。

《浙江俞氏宗祠》编辑委员会

2020年3月

图书在版编目(CIP)数据

浙江俞氏宗祠 / 俞坚中主编 . -- 杭州 : 浙江古籍出版社 , 2021.5

ISBN 978-7-5540-2026-5

Ⅰ . ①浙… Ⅱ . ①俞… Ⅲ . ①祠堂—介绍—浙江 Ⅳ . ① K928.75

中国版本图书馆 CIP 数据核字 (2021)第 064612 号

浙江俞氏宗祠

俞坚中　主编

出版发行　浙江古籍出版社
（杭州市体育场路 347 号）

网　　址　https://zjgj.zjcbcm.com

责任编辑　沈宗宇

文字编辑　徐　立

责任校对　吴颖胤

封面设计　吴思璐

责任印务　楼浩凯

照　　排　杭州时代出版服务有限公司

印　　刷　浙江新华印刷技术有限公司

开　　本　787mm×1092mm　1/8

印　　张　40.5

字　　数　510 千字

版　　次　2021 年 5 月第 1 版

印　　次　2021 年 5 月第 1 次印刷

书　　号　978-7-5540-2026-5

定　　价　300.00 元
